Extrait de la *Revue des Cours et Conférences*

# ÉMILE BOUTROUX

De l'Académie française

※

## DE

# L'IDÉE DE LOI NATURELLE

DANS

## LA SCIENCE ET LA PHILOSOPHIE

CONTEMPORAINES

COURS PROFESSÉ A LA SORBONNE EN 1892-1893

Troisième Edition

PARIS

SOCIÉTÉ FRANÇAISE D'IMPRIMERIE ET DE LIBRAIRIE

ANCIENNE LIBRAIRIE LECÈNE, OUDIN ET Cⁱᵉ

15, *rue de Cluny*, 15

## Société Française d'Imprimerie et de Librairie

### Ancienne Librairie Legène, Oudin et Cie

## PARIS, — 15, rue de Cluny, — PARIS

**Vingt et unième année**

# Revue des Cours
# et Conférences

Honorée d'une souscription du Ministère de l'Instruction publique

*Paraissant les 5 et 20 de chaque mois pendant la durée des Cours
et Conférences (de Décembre à Août)*

**En une brochure de 104 pages in-8° carré, sous couverture imprimée**

### Directeur : **F. STROWSKI**

Professeur à la Sorbonne

---

**ABONNEMENT,**
un an

France. . . . . . . . . . **20 fr.**

(Payables **10 francs** comptant et le surplus par
**5 francs** les *5 février et 5 mai.*)

Étranger. . . . . . . . . . **23 fr.**

Le Numéro : **1 fr. 50**

*Un numéro spécimen est envoyé franco sur demande.*

---

*En vente, la troisième année et les années suivantes.*

Chaque année. . . . . . . . . . . . . **20 fr.**

**La table des dix premières années est en vente en
un fascicule in-8°. . . . . . . . . . . 0 60**

*Les deux premières années sont épuisées.*

# DE L'IDÉE DE LOI NATURELLE

DANS

## LA SCIENCE ET LA PHILOSOPHIE CONTEMPORAINES

8R

45-71

Vingt-quatrième année

# Revue des Cours
## et Conférences

Honoré d'une souscription du Ministère de l'Instruction publique

Paraissant les 5 et 20 de chaque mois pendant la durée des Cours
et Conférences (de Décembre à Août)

En une brochure de 104 pages in-8° carré, sous couverture imprimée

### Directeur : F. STROWSKI

Professeur à la Sorbonne

———

**ABONNEMENT**
un an

France. . . . . . . . . . . . **20 fr.**
(Payables 10 francs comptant et le surplus par
5 francs les 5 février et 5 mai.)
Étranger. . . . . . . . . . **23 fr.**

Le Numéro : **1 fr. 50**

Un numéro spécimen est envoyé franco sur demande.

———

En vente, la troisième année et les années suivantes.

Chaque année. . . . . . . . . . . . **20 fr.**

La table des dix premières années est en vente en
un fascicule in-8°. . . . . . . . . **0 60**

Les deux premières années sont épuisées.

# DE L'IDÉE DE LOI NATURELLE

DANS

## LA SCIENCE ET LA PHILOSOPHIE CONTEMPORAINES

# ÉMILE BOUTROUX

DE L'ACADÉMIE FRANÇAISE

## DE

# L'IDÉE DE LOI NATURELLE

DANS

## LA SCIENCE ET LA PHILOSOPHIE

### CONTEMPORAINES

COURS PROFESSÉ A LA SORBONNE

**en 1892-1893**

NOUVELLE ÉDITION

PARIS

SOCIÉTÉ FRANÇAISE D'IMPRIMERIE ET DE LIBRAIRIE

ANCIENNE LIBRAIRIE LECÈNE, OUDIN ET Cⁱᵉ

15, rue de Cluny, 15

1913

# AVIS DES ÉDITEURS

Dans la première année de la Revue des Cours et Conférences nous avons publié le Cours professé à la Sorbonne par M. EMILE BOUTROUX, ayant pour sujet :

De l'idée de loi naturelle dans la science et la philosophie contemporaines.

Les numéros contenant la reproduction de ce cours sont épuisés, et il ne nous était plus possible, depuis quelque temps, de donner satis-faction aux nombreuses demandes qui nous parvenaient chaque jour.

Au lieu de réimprimer ces numéros épuisés, nous avons songé à en extraire les leçons de M. Boutroux et à les réunir en un fasci-cule spécial.

L'éminent professeur nous y a autorisés, et nous lui en exprimons ici toute notre gratitude ; mais nous avons le devoir de déclarer que M. Boutroux n'a apporté dans cette publication aucune modifi-cation importante. Les quatorze leçons, faisant l'objet de ce cours, sont publiées par nous sous la forme où elles ont été précédemment reproduites par la Revue, sans avoir subi aucun remaniement.

LES ÉDITEURS.

Extrait de la *Revue des Cours et Conférences.*

DE

# L'IDÉE DE LOI NATURELLE

DANS

## LA SCIENCE ET LA PHILOSOPHIE

CONTEMPORAINES

### COURS DE M. ÉMILE BOUTROUX

DE L'ACADÉMIE FRANÇAISE

Professé à la Sorbonne en 1892-1893

—⟩×◆——

## I

### LE PROBLÈME DE LA SIGNIFICATION DES LOIS NATURELLES.

Nous nous proposons d'étudier l'idée de loi naturelle telle qu'elle se présente à nous aujourd'hui, de l'interpréter philosophiquement, d'en déterminer la signification métaphysique et morale. Pour poser le problème avec précision, nous nous appuierons sur les résultats des spéculations du XVIIᵉ et du XVIIIᵉ siècle, lesquelles sont liées au développement de la science moderne.

Les créateurs de la philosophie moderne, Bacon et

Descartes, ont donné pour objet à la science d'atteindre à des lois qui eussent le double caractère de l'universalité et de la réalité. Dépasser le point de vue ancien, suivant lequel les lois n'étaient que générales et idéales, s'élever au delà du vraisemblable et du possible, connaître le réel d'une façon certaine, telle fut, en dépit d'apparences parfois mal interprétées, leur ambition commune. Mais, si leur but est le même, les moyens qu'ils emploient pour y parvenir sont différents : Bacon suit la direction empiriste ; Descartes, la direction rationaliste.

Les Cartésiens estiment que l'on peut trouver dans certaines opérations de l'esprit, encore insuffisamment discernées, les principes de lois universelles et réelles. Descartes analyse la matière qui nous est immédiatement donnée, c'est-à-dire les idées, et il y découvre des éléments dont le caractère propre est d'être évidents au regard de l'intuition intellectuelle. Ces éléments sont, selon lui, les principes cherchés. Et de fait ils paraissent de nature à fournir des lois universelles ; mais, comme c'est de l'esprit qu'on les a tirés, permettront-ils d'atteindre à des lois réelles ? Tel est le problème que Descartes rencontre immédiatement. Dans le *Cogito, ergo sum*, que veut dire *ergo* ? Déjà il n'est pas sans difficulté de rattacher au *Cogito* l'existence personnelle. Mais l'existence de Dieu et des choses corporelles exigera une véritable déduction, laquelle sera de plus en plus compliquée. Après Descartes, Malebranche juge nécessaire de distinguer, des lois d'essence, les lois d'action ou d'existence, et il imagine, à ce sujet, sa théorie des causes occasionnelles. Spinoza établit, entre la causalité interne et la causalité externe, une distinction analogue, et fait effort pour rattacher les lois d'existence aux lois d'essence. Selon Leibnitz, ces di-

vers systèmes ne peuvent dépasser le possible. Au principe
de contradiction, le seul qu'ils connaissent, il est indispensable d'ajouter un nouveau principe également absolu : le principe de raison suffisante. Celui-là sera le principe propre du réel. Ce n'est pas tout : au sein même des
choses existantes, des séparations s'accentuent. Tout ne
se ramène pas à l'ordre mathématique : les substances
le dominent ; et, dans cet ordre supérieur, il faut considérer, d'une part, le physique, domaine des causes efficientes, d'autre part, le moral, domaine des causes finales.
Chez Kant, ces distinctions deviennent des séparations.
De plus, au sein du monde réel, entre les lois physiques et
les lois morales apparaissent, chez lui, les lois biologiques, lesquelles sont, du moins pour nous, irréductibles aux précédentes, et supposent la finalité. Enfin,
pour Schelling et Hégel, les lois d'essence et les lois
d'existence sont insuffisantes : pour rendre raison du réel,
il faut poser des lois de développement, déterminer un
processus qui précède toute essence comme toute existence, et qui soit la reproduction dans la pensée de la
création même des choses.

C'est ainsi que la philosophie rationaliste, qui partait
de l'unité, s'est vue obligée de reconnaître différents types
de lois. C'est qu'elle s'est trouvée en face de l'expérience,
et que la confrontation de ses principes avec les faits l'a
forcée à agrandir son cadre. A vrai dire, elle a pense
réduire et rendre intelligible cette diversité. Mais elle
n'y est arrivée en apparence qu'en modifiant de plus en
plus le concept d'intelligibilité. Déjà Descartes, avec son
intuition, modifie l'idée que les anciens s'étaient faite
de l'intellectualisme. Avec Spinoza apparaît une notion
nouvelle, celle de l'infini, laquelle, pour les anciens,
était l'inintelligible même. Leibnitz ne craint pas

d'affirmer la réalisation actuelle de cet infini. Kant opère une révolution dans la doctrine de l'intelligibilité en admettant deux logiques : l'ancienne, celle d'Aristote, purement formelle, incapable de rien fonder, et la logique transcendentale, qui procède par jugements synthétiques *a priori*. Enfin Schelling et Hégel, en allant jusqu'à affirmer l'identité originaire des contradictoires, abandonnent ouvertement le point de vue propre de l'ancienne logique. Celle-ci a donc paru insuffisante pour expliquer ce qui existe, et l'intellectualisme a presque dû la renier pour parvenir à enserrer le réel.

Mais, estiment d'autres philosophes, les empiristes, à quoi bon s'embarrasser des principes *a priori* de l'intellectualisme ? Point n'est besoin de sortir de la nature pour la comprendre. L'observation et l'induction, conduites suivant une méthode convenable, suffisent à réaliser l'idée moderne de la science. Mais voici que surgit une difficulté, inverse de celle qu'ont rencontrée les rationalistes. Pour Descartes, le problème était de relier le réel à l'universel ; pour Bacon, ce sera de relier l'universel au réel. Pour ce dernier philosophe, en effet, l'esprit est absolument passif, ou plutôt il doit, pour constituer la science, se rendre passif, se faire « table rase », et recevoir, sans y rien mêler, l'action des choses extérieures. Mais Bacon, outre qu'il est encore embarrassé par la conception scolastique de la qualité, exprime bien plutôt un desideratum, qu'il ne démontre la possibilité de réaliser des inductions valables. Locke a bien vu que ce qu'il faut expliquer, c'est la liaison des idées ; et, selon lui, nous lions nos idées à l'aide de facultés qui sont innées en nous. La simple passivité est une explication insuffisante : l'expérience trace bien ses caractères sur une table rase ; mais l'âme, par elle-même, réunit les idées simples que cette action du dehors lui fournit. Que valent, cependant, des lois fabriquées ainsi par les facultés humaines ? A quelle universalité peuvent-elles prétendre ? Hume intervient, et explique que nous possédons au fond de nous-mêmes la propriété de joindre ensemble les idées des phénomènes suivant des rapports de ressemblance, de contiguïté et de causalité. En ce qui concerne la causalité, qui, d'elle-même, ne s'imposerait nullement à nous, l'habitude vient remplacer l'intuition manquante, rendre l'association pratiquement indissoluble, et nous porter ainsi à considérer les lois de la nature comme réellement universelles et nécessaires.

Et ainsi, de même que l'intellectualisme a dû, pour embrasser la réalité, élargir et peut être fausser son principe, de même l'empirisme, pour parvenir à l'universalité, s'est vu contraint de s'écarter de sa direction première, soit en admettant, avec Locke, des facultés de l'âme irréductibles à l'expérience, soit en faisant résulter, à la manière de Hume, les lois extérieures de lois internes, de puissances innées.

Il semble donc qu'il soit bien difficile à l'esprit humain de concevoir les lois de la nature à la fois comme universelles et comme réelles. Quand nous nous expliquons l'universalité, la réalité nous échappe, et réciproquement. Faut-il donc rapprocher purement et simplement le rationalisme et l'empirisme ? Le rapprochement de ces deux points de vue opposés ne donnera qu'une juxtaposition et non une synthèse. Or, ce qui, pour la philosophie, n'était qu'un idéal et un problème, la science l'a réalisé. Elle a su allier les mathématiques et l'expérience, et fournir des lois à la fois concrètes et intelligibles. La méthode qu'elle a suivie a consisté à chercher, pour chaque ordre de réalités, un principe positif approprié. Newton a fourni le type de l'explication scientifique en faisant reposer la mécanique céleste sur la loi de gravitation, radicalement distinguée des lois purement géométriques. Les sciences se sont ainsi émancipées une à une ; elles se sont constituées comme autonomes, à l'aide de principes spéciaux et tenus pour irréductibles : c'est ainsi, par exemple, qu'on a distingué les principes physiques des principes purement mécaniques, la chimie de la physique, les propriétés vitales des propriétés physiques et chimiques. Sans doute on essaie de faire ressembler chaque science, *mutatis mutandis*, aux sciences mathématiques ; mais on ne considère plus les unes comme un simple prolongement des autres : on accorde aux sciences particulières la spécificité de leurs principes.

Il nous faudra donc, pour étudier l'idée de loi naturelle, prendre notre point d'appui dans les sciences, tout en demandant à la philosophie des indications sur la manière d'en interpréter les principes et les résultats. Nous prendrons les lois telles que les sciences nous les présentent, réparties en groupes distincts. Nous étudierons séparément chacun de ces groupes, et, à propos de chacun d'eux, nous nous poserons des questions relatives :

1° A leur *nature*. — Dans quel sens et dans quelle mesure ces lois sont-elles intelligibles ? N'y a-t-il entre elles que des différences de généralité et de complexité, ou l'apparition d'un nouveau groupe marque-t-il réellement l'introduction d'un nouveau principe philosophiquement irréductible ?

2° A leur *objectivité*. — Ces lois forment-elles pour nous la substance des choses, ou régissent-elles seulement le mode d'apparition des phénomènes? Sont-elles vraies absolument ou d'une manière simplement relative? Sont-elles des éléments ou seulement des symboles de la réalité?

3° A leur *signification.* — Le déterminisme existe-t-il réellement dans la nature, ou bien représente-t-il seulement la manière dont nous devons enchaîner les choses pour en faire des objets de pensée?

On essaiera par là de résoudre, au point de vue actuel, l'antique question qui consiste à savoir s'il y a des choses qui dépendent de nous, si nous sommes réellement capables d'agir, ou si l'action est une pure illusion.

## II

Les lois qui dominent toute recherche scientifique sont les lois logiques. Par lois logiques, on entend ordinairement celles de la logique syllogistique, telles que les a formulées Aristote ; mais il existe des lois logiques plus générales encore, à savoir les trois principes d'identité, de contradiction et du tiers exclu.

Le principe d'identité peut s'exprimer ainsi : *A est A.* Je ne dis pas l'Être, mais simplement *A,* c'est-à-dire toute chose, absolument quelconque, susceptible d'être conçue ; je ne dis pas non plus $A = A$, car le signe $=$ est un signe mathématique, qui limite déjà le rapport qu'il s'agit d'établir. Le principe d'identité, ainsi défini, représente le type de la possibilité. Le principe de contradiction, au contraire, représente le type du faux, de l'impossibilité logique : *A est non A,* telle en est l'expression. Cette affirmation est impossible, c'est-à-dire que *A* et *non A* ne peuvent pas être posés ensemble. Quant au principe du tiers exclu, il signifie qu'il n'y a pas de milieu entre *A* et *non-A.* On peut l'appeler le principe de la possibilité indirecte, car ce qu'il y a de nouveau dans ce qu'il énonce, c'est que, si *non-A* est exclu, *A* est posé. Le nerf de ce dernier principe, c'est que deux négations valent une affirmation. Supposez qu'entre *A* et *non-A* il y ait un milieu, ce milieu sera à la fois *non-A* et *non-non-A.* Or, si *non-non-A* = *A,* le milieu sera à la fois *non-A* et *A,* ce qui nous ramène à la contradiction. De même que le second principe empêche que deux contradictoires soient posées ensemble, ainsi le troisième empêche qu'elles soient abolies ensemble.

Ces lois logiques pures sont l'intelligible même, elles apparaissent comme le type de l'évidence, mais elles ne constituent pas, à elles seules, toute la logique: la logique ordinaire, dite syllogistique, ne se contente pas de ces trois principes. Considérez le principe de contradiction tel que l'a formulé Aristote: il contient des éléments qui ne sont pas visiblement inclus dans les lois logiques pures : « Il est impossible qu'une même chose appartienne et n'appartienne pas à un même sujet dans le même temps et sous le même rapport. » La logique pure ne dit pas de quelle nature doit être $A$, tandis que, pour la logique aristotélicienne, $A$ n'est plus quelconque : c'est le concept, c'est-à-dire une chose déterminée ; de plus, les expressions « dans le même temps et sous le même rapport » ne se trouvaient pas dans les formules de la logique pure. Examinons, à ce point de vue, le concept, la liaison des concepts en propositions, et la liaison des propositions en syllogismes.

Qu'est-ce que le concept ? Ce n'est pas une unité absolue, car il doit, pour expliquer les choses, envelopper la multiplicité. Ce n'est pas non plus une multiplicité absolue, car il ramène le divers à l'unité. Il représente donc une certaine liaison d'éléments intelligibles, une relation d'hétérogénéité, au moins relative, entre des manières d'être. Pas plus que le concept, la proposition ne peut être rigoureusement conforme à la formule $A$ est $A$. $A$ est $A$ n'apprend rien. Or une proposition doit toujours apprendre quelque chose et, en ce sens, comporter la formule $A$ est $B$. Enfin, le raisonnement qui enchaîne les propositions entre elles n'est pas non plus une exacte identité. Il est aux propositions ce que les propositions sont au concept. Ainsi, l'on n'a pas simplement déduit des lois de la logique pure une matière appropriée à l'application de ces lois : on a composé le syllogisme à l'aide des lois de la logique pure et d'une matière surajoutée.

Cette matière, du moins, s'accorde-t-elle exactement avec la forme logique constituée par les trois principes fondamentaux ? La pure forme logique s'y applique t-elle sans altération aucune ? L'histoire de la philosophie nous apprend que la logique aristotélicienne n'a pas été sans rencontrer des adversaires. L'école anglaise, par exemple, n'y voit qu'un vain jeu de l'esprit ; et des philosophes intellectualistes, tels que Herbart, s'épuisent en vains efforts pour établir la légitimité de la notion de rapport. C'est qu'il y a dans la logique syllogistique quelque chose, non seulement de nouveau, mais d'étrange, au regard de la logique pure.

En effet, le concept doit exprimer une unité enveloppant une multiplicité. Mais quelle idée doit-on se faire de cet assemblage ? Si l'on dit que la multiplicité est en puissance dans le concept, on introduit visiblement un élément obscur. Si l'on dit que le concept contient ses parties comme un vase contient ce qu'on y enferme, on est dupe d'une image physique, on suppose l'obscure notion d'espace. On croit souvent s'en faire une idée claire, parce qu'on n'y voit qu'une collection d'éléments. Mais où l'unité a disparu, il n'y a plus de concept, et ce serait supprimer tout à fait la logique que de faire porter le raisonnement sur les faits eux-mêmes, comme matière immédiate. De même, le jugement renferme quelque chose d'obscur. En quoi consiste le lien qu'il établit entre le sujet et l'attribut ? Est-ce une relation de détermination ? Ainsi le jugement *Paul est homme* signifie-t-il que l'humanité est une matière dont Paul est une spécification ? Entendre ainsi le jugement, c'est retomber dans les notions métaphysiques et obscures de puissance et d'acte, de forme et de matière. Dira-t-on que l'attribut est extrait analytiquement du sujet ? Mais ce n'est là qu'une image sensible, obscure pour l'entendement. Enfin le syllogisme prête, lui aussi, à des objections qui n'ont jamais été clairement réfutées : tautologie ou cercle vicieux, tels sont les deux écueils où il se heurte. *Tous les hommes sont mortels*, — cette majeure implique la conclusion. *Tout homme est mortel*, — cette expression fait disparaître le cercle vicieux ; mais le mot *Tout*, qu'il exprime une essence métaphysique ou l'existence d'un genre, soulève des difficultés insolubles. D'une manière générale, la logique syllogistique suppose la distinction de l'implicite et de l'explicite, laquelle ne peut être tirée au clair. Donc, non seulement les lois de la logique syllogistique renferment quelque chose de plus que les lois de la logique pure, mais encore, dans une certaine mesure, elles s'en écartent.

Quelle est maintenant l'origine de la logique aristotélicienne ? Cette origine n'est pas entièrement *a priori*, puisqu'on ne peut pas la résoudre exactement dans la logique pure. Faut-il dire, avec les empiristes, qu'elle est entièrement *a posteriori* ? Soutenir cette doctrine, c'est dire qu'à proprement parler il n'y a pas de lois syllogistiques, mais seulement des lois particulières applicables à l'avenir dans la mesure où elles sont prouvées par l'expérience et l'induction. Telle est l'opinion de Stuart Mill. Avec une conséquence parfaite, H. Spencer soutient qu'il n'existe en réalité que des raisonnements par analogie et pas de syllogismes. Cependant, peut-on leur répondre, cette syllogistique représente exactement le procédé de raisonnement de la conscience réfléchie. En fait, on ne peut s'en passer, et elle est impliquée, quoi qu'on fasse, dans toute démonstration qui entraîne notre conviction. Il est vrai qu'elle ne possède pas la complète évidence de la logique pure, mais elle y participe ; elle n'est donc pas entièrement *a posteriori* ; elle paraît bien plutôt être un mélange d'*a priori* et d'*a posteriori*. L'esprit humain, dirons-nous, porte en soi les principes de la logique pure ; mais, comme la matière qui lui est offerte ne lui paraît pas exactement conforme à ces principes, il essaie d'adapter la logique aux choses, de façon à entendre celles-ci d'une manière aussi voisine que possible de la parfaite intelligibilité. La logique syllogistique peut donc être considérée comme une méthode, un ensemble de symboles par lesquels l'esprit se met en mesure de penser les choses, un moule dans lequel il fera entrer la réalité pour la rendre intelligible. C'est en ce sens que nous répondrions à la question de la nature et du degré d'intelligibilité des lois logiques.

Quant à la question de l'objectivité des lois logiques, il peut paraître, au premier abord, inutile de la poser, car rien ne semble plus certain ni plus incontestable. Cependant la logique a été plus d'une fois attaquée aussi bien que célébrée. Sans doute, c'est faire à une personne un reproche grave que de lui dire qu'elle manque de logique, et l'on admire d'ordinaire les hommes capables d'organiser une grande masse de matériaux suivant le type des principes d'identité et de contradiction. Mais, parfois aussi, on blâme ceux qu'on dit être entêtés de logique et de systématisation : tout système, dit-on, est factice ; chercher la nuance, au risque même d'effleurer la contradiction, tel est le moyen de saisir la réalité. Cette divergence d'opinions semble pouvoir être expliquée par la distinction établie plus haut. Les lois logiques pures sont incontestables, mais ne concernent que peu ou point la nature interne des choses ; les lois de la syllogistique pénètrent plus avant dans la nature des choses, mais ne peuvent être appliquées qu'avec discernement.

Les premières sont, pour nous, absolument nécessaires ; il n'est pas en notre pouvoir de concevoir qu'elles ne soient que purement subjectives, et que la nature ne les réalise pas ; nous ne voyons même pas comment l'expérience pourrait les contredire, puisqu'elles portent simplement que si quelque chose est, il est. Mais ce qui fait leur force, fait aussi leur faiblesse : elles laissent indéterminées les choses auxquelles elles s'appliquent. Quand je dis *A est A*, je ne m'interdis nullement de supposer que A est en soi dépourvu d'identité. Il reste donc à savoir si la nature même des choses est, elle aussi, conforme à ces principes. Les Éléates ont soutenu que l'être est effectivement identique et exempt de contradiction ; mais à un tel système l'histoire de la philosophie oppose celui de Hégel, pour qui la nature intime des choses est, au contraire, la contradiction et la lutte inévitable. Ces deux systèmes ne diffèrent pas d'opinion sur les lois de la logique pure. L'un et l'autre s'y conforment. Car Hégel ne dit pas que, au moment où l'on énonce une proposition, on peut également énoncer la proposition contradictoire. Sa pensée est que si, dans la formule *A est A*, on remplace *A* par sa valeur réelle, on a, avant toutes choses, l'être identique au non-être. De la doctrine éléatique et de la doctrine de Hégel, laquelle

2

est la vraie ? Ni l'une ni l'autre, vraisemblablement. En tout cas, ce n'est pas la considération des lois logiques prises en elles-mêmes, mais seulement celle des lois concrètes de la nature qui peut nous apprendre dans quelle mesure les êtres réels participent de l'identité et de la contradiction.

Il est moins hardi et il est plus usuel de voir dans les lois de la syllogistique l'expression exacte des lois qui se retrouvent dans la nature. Les dogmatistes sont portés en ce sens à confondre logique et réalité. Ils fondent leur opinion sur ce qu'ils appellent « l'accord naturel de la pensée et des choses », principe qu'ils regardent comme nécessaire et inné. Mais ce principe n'est qu'un vœu, un désir, un simple postulat. D'ailleurs, fût-il certain, il ne garantirait pas l'objectivité de la logique syllogistique, si celle-ci, comme nous avons essayé de le montrer, n'est pas la pensée même, mais une altération des principes de la pensée résultant précisément de l'opposition de la pensée et des choses. Faut-il donc renoncer absolument à l'objectivité de cette logique, et soutenir, avec les empiristes, qu'il n'y a que des faits, et que ces faits créent en nous des habitudes, impérieuses sans doute, mais purement subjectives ? Il semble bien que les lois logiques ne puissent être considérées comme venant exclusivement de l'expérience : celle-ci ne présente pas de groupements analogues aux concepts, et le concept n'est pas une acquisition tardive de l'esprit. En dépit d'un préjugé qui nous vient de Locke, c'est par des concepts généraux que l'enfant débute, et le rôle de l'expérience est précisément de les contredire et de les faire éclater. Le concept vient donc de l'esprit ; sans doute, il est formé à l'occasion de l'expérience et avec des matériaux empruntés à l'expérience, mais c'est l'esprit qui le forme. Or il est incontestable que nos raisonnements sont susceptibles d'être en accord avec les faits ; quand ils sont en désaccord, nous estimons, non que le raisonnement est un instrument vicieux, mais que des données nous manquent, que la base dont nous disposons est trop étroite. Il y a donc dans les choses des relations qui, en un sens, correspondent à l'enchaînement syllogistique. Il y a dans la nature quelque chose comme des classes d'êtres ou espèces, et quelque chose comme des classes de faits ou lois. Mais nous ne pouvons savoir *a priori* dans quelle mesure cette condition est réalisée ; le développement de la science peut seul nous en instruire. Tout ce que nous pouvons conjecturer *a priori*, c'est peut-être ceci. L'homme, apparemment, n'est pas un monstre dans la nature ; l'intelligence qui le caractérise doit avoir quelque rapport avec la nature des êtres en général. Il doit donc y avoir, au fond des choses, sinon une intelligence semblable à l'intelligence humaine, du moins des propriétés, des dispositions qui aient quelque analogie avec cette intelligence. Il est raisonnable d'admettre dans la nature comme une tendance vers l'intelligibilité. S'il en est ainsi, le raisonnement représente un mode d'interprétation, d'interrogation qu'il est légitime d'employer à l'égard de la nature.

Quelle est maintenant la signification des lois logiques ? La logique est, à coup sûr, le type le plus parfait de la nécessité absolue, mais elle présente un minimum d'objectivité. Elle régit la surface des choses, mais n'en détermine pas la nature ; elle demeure vraie, quelle que soit cette nature. La nécessité qu'elle implique sera sauvegardée, même si les êtres sont considérés comme doués de spontanéité, même si les êtres sont considérés comme libres. Elle est un maître absolu, mais infiniment éloigné de nous, une barrière infranchissable, mais en deçà de laquelle il y a plus d'espace que nous n'en pourrons jamais embrasser.

Quant au syllogisme, s'il n'est qu'un symbole fabriqué par l'esprit humain, il ne saurait être évident que la nécessité qui lui est propre se trouve effectivement réalisée dans les choses. Cette nécessité est la liaison au sein de l'espèce et du genre. Seules les sciences spéciales nous apprendront s'il y a dans la nature des genres et des espèces. Toutefois, comme l'homme n'est pas un empire dans un empire, comme non seulement nos raisonnements réussissent, mais qu'il est naturel qu'ils réussissent, il est légitime d'admettre qu'il y a dans les choses une tendance à l'ordre, à la classification, à la réalisation d'espèces et de lois. Déjà nous entrevoyons qu'il pourrait y avoir dans l'être qui nous environne une dualité analogue à celle que nous constatons en nous. A côté de l'intelligence, nous possédons un ensemble de facultés que l'on groupe sous le nom d'activité. L'intelligence est la règle de l'activité ; mais nous ne pouvons dire *a priori* dans quelle mesure l'activité réalise l'intelligence. Peut-être en est-il de même dans la nature. Il y a un principe de nécessité ; mais ce principe n'est pas le fond des choses, il n'en est que la règle. Seule, la connaissance des lois particulières nous donnera une idée de la mesure dans laquelle la nécessité se réalise.

# III

## LES LOIS MATHÉMATIQUES.

Après les lois logiques, ce sont les lois mathématiques qui apparaissent comme les plus générales.
Il semble, au premier abord, qu'elles sont, elles aussi,
parfaitement claires, et qu'il est superflu de poser
la question de leur intelligibilité. N'est-ce pas à elles
que s'est adressé Descartes, quand il a cherché le
type de l'évidence? Cependant, pour établir la valeur
effective des mathématiques, ce même Descartes a cru
nécessaire de recourir à l'immutabilité et à la véracité
divines. D'autre part, toute l'école empiriste met en
doute la certitude propre des mathématiques. Et l'on peut
dire que la distinction de la logique et des mathématiques
est un fait de la vie commune : à voir l'inaptitude mathématique de certains dialecticiens, d'ailleurs fort sub-
tils, et réciproquement, il semble qu'il y ait là deux
manières de raisonner très différentes l'une de l'autre.
Ces considérations nous invitent à examiner la nature
de la certitude mathématique.

Pour une école de philosophes, les mathématiques
sont une simple application, une promotion particulière de la logique générale, ainsi que s'exprimait Leibnitz. S'il en est ainsi, la différence entre les lois mathématiques et les lois logiques n'est pas essentielle :
celles-ci sont seulement plus générales que celles-là ;
il n'y a rien dans les premières qui ne soit réductible

aux secondes. Pour d'autres, au contraire, conformément à la doctrine de Kant, ces deux espèces de lois sont irréductibles l'une à l'autre ; il y a, dans la liaison mathématique, quelque chose de plus que dans la liaison logique. Or, les spéculations des mathématiciens nous paraissent, en général, plus favorables à la seconde thèse qu'à la première.

Qu'y a-t-il de nouveau dans les mathématiques, comparées à la logique? D'une manière générale : l'intuition. Qu'est-ce donc qui caractérise l'intuition mathématique?

La logique, si l'on y prend garde, suppose un tout donné, un concept dont elle se propose l'analyse ; elle admet, dans ce concept, des éléments juxtaposés, et ne détermine pas le lien qui les unit les uns aux autres. Les mathématiques, au contraire, font une œuvre essentiellement synthétique ; elles posent les rapports que la logique suppose ; elles créent un lien entre les parties d'une multiplicité, elles marchent du simple au composé ; elles engendrent elles-mêmes le composé, au lieu de le prendre comme donné. L'intuition mathématique est donc bien quelque chose de nouveau ; mais n'est-elle que cela?

Déjà dans la logique du concept, en tant qu'on la distingue de la logique véritablement pure, la notion du général vient embarrasser l'entendement, en quête de parfaite intelligibilité. En mathématiques, il y a plus. Les définitions fondamentales ne sont pas de simples propositions. En une définition mathématique sont souvent condensées une infinité de définitions. Par exemple, dans la numération, on prend l'unité pour point de départ ; puis on forme les définitions suivantes : $2 = 1 + 1$, $3 = 2 + 1$, $4 = 3 + 1$, etc..

ou, d'une manière générale, $a + 2 = a + 1) + 1$, $a + 3 = (a + 2) + 1$, $a + 4 = (a + 3) + 1$. Après avoir formé ainsi les définitions des premiers nombres, on ajoute : *etc.* Qu'est-ce que cet *etc.*, sinon l'idée d'une infinité de définitions analogues à celles qu'on a créées? Or, cette infinité, l'arithméticien la condense dans la formule suivante : $a + b = a + (b - 1) + 1$, définition contenant en elle un nombre infini de définitions. Un tel concept est plus qu'une nouveauté, par rapport au concept purement logique : c'est déjà une déviation de la parfaite intelligibilité.

Il en est de même pour les démonstrations. Les mathématiques exigent, en maint endroit, un mode de raisonnement qui est autre que la déduction logique. Il consiste à généraliser avec force démonstrative le résultat d'une démonstration particulière. C'est ce que l'on voit dès la théorie de l'addition, fondement des mathématiques entières. Soit à démontrer que $a + 1 = 1 + a$. Je fais d'abord $a = 1$ et j'ai $1 + 1 = 1 + 1$, par identité. Ensuite, je prends un détour, et je dis : supposons que $(a - 1) + 1 = 1 + (a - 1)$. Si cette supposition est admise, en ajoutant 1 à chacun des deux membres, nous avons $(a - 1) + 1 + 1 = 1 + (a - 1) + 1$, ce qui, en retranchant les termes qui s'annulent, donne précisément $a + 1 = 1 + a$. Nous avons supposé $(a - 1) + 1 = 1 + (a - 1)$. Mais appelons $(a - 1)$ : $a$, et nous sommes ramenés au problème précédent. Nous pouvons donc poursuivre ainsi jusqu'à ce que nous revenions au cas où $a = 1$. On appelle ce mode de démonstration raisonnement par récurrence. C'est, on le voit, une démonstration qui contient un nombre de démonstrations aussi grand que l'on voudra, puisque $a$ peut être supposé aussi grand que l'on veut. On raisonne de même en un grand nombre de cas, par exemple pour démontrer que la somme de plusieurs nombres impairs consécutifs depuis 1 est égale au carré de leur nombre. Ce raisonnement est une sorte d'induction apodictique. Il y a induction, car la démonstration porte ici tout d'abord sur le particulier, et la généralisation ne vient qu'après. Et l'induction est apodictique, puisqu'elle est étendue à tous les cas possibles. Or, au point de vue logique, il est étrange qu'une généralisation puisse ainsi être conçue comme nécessaire ; et, si l'on est ici obligé d'unir ces deux mots qui se repoussent presque, c'est donc que les mathématiques, non seulement ne sont pas une simple promotion de la logique, mais n'en diffèrent même pas simplement comme la synthèse diffère de l'analyse. L'intelligibilité mathématique implique déjà quelque modification de l'intelligibilité logique.

S'il en est ainsi, quelle est l'origine des lois mathématiques? Si elles étaient connues entièrement *a priori*, elles présenteraient une parfaite intelligibilité. Or, elles impliquent des éléments impénétrables à la pensée. On est forcé de les admettre ; on ne peut pas dire qu'on les voie clairement découler de la nature fondamentale de l'intelligence. Elles ne peuvent non plus être rapportées à la connaissance *a posteriori*, car elles ne portent que sur des limites. Or, une limite ne peut être saisie empiriquement, puisque c'est le terme purement idéal vers lequel tend une quantité qui est supposée croître ou décroître indéfiniment. Les lois mathématiques supposent une élaboration très complexe. Elles ne sont connues exclusivement ni *a priori* ni *a posteriori :* elles sont une création de l'esprit ; et cette

création n'est pas arbitraire, mais a lieu, grâce aux res-
sources de l'esprit, à propos et en vue de l'expérience.
Tantôt l'esprit part d'intuitions qu'il crée librement, tantôt, procédant par élimination, il recueille les axiomes
qui lui ont paru le plus propres à engendrer un développement fécond et exempt de contradictions. Les mathématiques sont ainsi une adaptation volontaire et
intelligente de la pensée aux choses ; elles représentent
les formes qui permettront de surmonter la diversité
qualitative, les moules dans lesquels la réalité devra
entrer pour devenir aussi intelligible que possible.

Telle est la nature et le degré d'intelligibilité des lois
mathématiques. Que s'ensuit-il, en ce qui concerne
leur objectivité ? Pour Descartes, les mathématiques
sont réalisées telles quelles au fond du monde sensible ;
elles constituent la substance même des choses matérielles. Après Descartes, ce point de vue a été de
plus en plus limité et contesté, et le positivisme d'Auguste Comte a résumé les résultats de la critique en
professant que le supérieur ne se ramène pas à l'inférieur, et qu'à mesure qu'on veut rendre compte d'une
réalité plus élevée, il faut introduire des lois nouvelles
douées d'une spécificité propre et irréductibles aux précédentes.

Les lois mathématiques, considérées en elles-mêmes,
paraissent impropres à être réalisées, car elles impliquent le nombre infini ; or, un nombre infini actuel
est chose absolument inconcevable. A cet écueil vient
se briser tout système de réalisme mathématique.

Mais, dira l'idéaliste, ce qui rend la réalité du nombre infini inconcevable, c'est qu'on veut l'actualiser
comme substance. Si l'esprit est la seule réalité, et
si les choses ne sont que la projection et la représenta-

tion de ses actes, les lois mathématiques peuvent être
conçues comme réelles, en tant qu'elles sont, au sein de
l'esprit lui-même, le fondement du monde des représentations. A l'idéaliste nous répondrons que son système est
mal justifié. Pour que nous pussions voir dans les mathématiques l'objectivation de la pensée elle-même, il faudrait que les lois en fussent parfaitement intelligibles; or
l'esprit n'arrive pas à se les assimiler sans se faire quelque violence. D'ailleurs, nos mathématiques représentent
une forme particulière de la mathématique; d'autres
sont possibles, et, si nous tenons à celles-ci, c'est uniquement parce qu'elles sont plus simples, ou plus com-
modes pour comprendre les phénomènes extérieurs.
Comment l'idéaliste fera-t-il le départ de ce qui est
absolument nécessaire et de ce qui pourrait être autre
dans le développement des mathématiques?

Il existe, semble-t-il, un moyen de maintenir l'objectivité absolue des mathématiques, en dépit des difficultés
que la réalisation de l'infini présente à l'intelligence:
c'est de dire que la loi du réel est précisément l'illo-
gisme et même l'identité des contradictoires. Mais ce
que l'on concevrait alors comme réalisé serait autre
chose que les mathématiques comme telles, puisqu'elles
ont été instituées précisément pour lever autant que possible les contradictions que présentent les phénomènes.

Selon d'autres, la substance des choses nous
échappe, mais les lois mathématiques en représentent
la forme, les relations; elles sont ce qu'il y a de commun entre nous et la réalité extérieure. Telle fut, par
exemple, la doctrine d'Ampère. Cette conception est simple et claire, mais artificielle. Car la forme et le fond des
choses ne se laissent pas séparer ainsi radicalement.
Si l'on connaît parfaitement la forme des choses, on

n'en ignore pas absolument la nature. La séparation
de la matière et de la forme n'est que logique, elle ne
saurait être réelle. Donc, non seulement les lois mathématiques ne sont réelles ni au sens substantialiste,
ni au sens idéaliste ; mais elles n'expriment pas même
exactement une forme des choses réellement séparable
de leur matière. Et cependant on ne peut pas dire que
les mathématiques soient une pure convention, un
simple jeu de l'esprit. C'est un fait que les mathématiques s'appliquent à la réalité. Mais en quel sens et
dans quelle mesure? C'est ce qu'on ne peut déterminer
*a priori*. Tout ce qu'il est permis de dire, c'est que,
l'homme n'étant pas une anomalie dans la nature, ce
qui satisfait son intelligence ne doit pas être sans rapport avec le reste des choses. On peut donc conjecturer une correspondance des lois mathématiques avec
les lois des choses ; mais c'est l'examen des lois propres
et concrètes de la nature qui nous apprendra jusqu'à
quel point les lois mathématiques régissent effectivement la réalité.

Quelle est enfin la signification des mathématiques
en ce qui concerne la nécessité qui peut régner dans le
monde ? Ces lois sont encore bien voisines de la nécessité absolue ; mais elles sont aussi bien éloignées
des choses et de la réalité même. Et s'il n'est pas dou-
teux qu'elles n'aient déjà avec l'être un rapport plus
étroit que les lois logiques, on ne peut dire qu'elles y
introduisent l'absolue nécessité, car déjà elles ne comportent une déduction rigoureuse que grâce à des
axiomes imparfaitement intelligibles et combinés par
l'esprit en vue de cette déduction même. Dans quelle
mesure la nécessité qui leur est propre règne-t-elle
dans les choses? C'est ce que nous apprendra la con-

frontation des lois physiques avec les lois mathématiques. C'est donc à l'étude de ces lois qu'il nous faut
maintenant nous appliquer. Nous examinerons dans
la prochaine leçon les lois mécaniques et l'idée de
force.

# IV

## LES LOIS MÉCANIQUES.

L'objet que nous nous sommes proposé est de soumettre à un examen critique la notion que nous avons des lois de la nature, dans l'espoir d'en tirer quelque conséquence, en ce qui concerne, et le rapport de ces lois à la réalité, et la situation de la personne humaine au sein de la nature. Notre fin dernière est de savoir si, d'après l'état actuel des sciences, il nous est encore permis de nous considérer comme ayant quelque faculté d'agir librement. Nous avons, en ce sens, examiné les lois logiques et les lois mathématiques, lesquelles, à vrai dire, sont plus que des lois, et expriment les relations les plus générales, conditions de toutes les autres. Nous avons montré que les lois de la logique réelle ne se laissent déjà pas ramener exactement au seul principe qui soit très certainement connu *a priori*, à savoir A *est* A, et que le concept, le jugement, le syllogisme impliquent un élément nouveau, à savoir le multiple comme contenu dans l'un, ou encore la relation de l'explicite à l'implicite. Les mathématiques introduisent, elles aussi, des éléments nouveaux que l'esprit n'arrive pas à s'assimiler complètement : elles créent des rapports de composition ; elles diversifient l'identique à l'aide de l'intuition ; de plus, elles ne peuvent se passer, dans leurs généralisations, d'un mode de raisonnement qu'on peut appeler induction apodictique. Si les lois, tant mathématiques que logiques, ne découlent pas immédiatement de la nature de l'esprit, elles ne sont pas non plus tirées de l'expérience, car, s'il en était ainsi, elles devraient coïncider avec des parties ou des faces de la réalité : or, il n'en est rien. Ni les universaux de la logique, ni le nombre infini des mathématiques ne nous sont donnés. On ne conçoit même pas comment ils pourraient l'être. La logique et les mathématiques ne dérivent donc uniquement ni de la connaissance *a priori* ni de la connaissance *a posteriori* ; elles représentent l'œuvre de l'esprit qui, sollicité par les choses, crée un ensemble de symboles pour soumettre ces choses à la nécessité, et ainsi se les rendre assimilables. Les lois logiques et mathématiques témoignent du besoin qu'a l'esprit de concevoir les choses comme déterminées nécessairement ; mais l'on ne peut savoir *a priori* dans quelle mesure la réalité se conforme à ces symboles imaginés par l'esprit : c'est à l'observation et à l'analyse du réel qu'il appartient de nous apprendre si la mathématique règne effectivement dans le monde. Tout ce que l'on peut admettre, avant cette étude expérimentale, c'est qu'il y a vraisemblablement une certaine analogie entre notre nature intellectuelle et la nature des choses. Autrement l'homme serait isolé dans l'univers. Mais ce n'est jamais là qu'une conjecture. La considération des sciences concrètes nous permettra seule de dire quel degré de réalité nous devons attribuer à la logique et aux mathématiques.

Les lois de la réalité qui nous sont données comme les plus voisines des relations mathématiques sont les lois mécaniques. L'élément essentiel et caractéristique de ces lois est la notion de *force*. Pour nous expliquer

la formation et l'état actuel de cette notion, nous allons
en étudier l'évolution historique.

Dans l'antiquité et en particulier chez Platon et Aristote, ce qui paraît frapper surtout l'esprit humain, c'est la
différence du mouvement et du repos. On part de cette
opposition et l'on admet que la matière est, par elle-même,
à l'état de repos. Dès lors, ce qu'il s'agit d'expliquer, c'est
comment elle passe du repos au mouvement. Pour résoudre la question, on considère la production du mouvement chez l'homme. Or, le mouvement apparaît chez
l'homme comme le résultat d'une action de l'âme sur le
corps. Donc on posera, au-dessus de la matière, une
force distincte, plus ou moins semblable à une âme, et
comme telle propre à agir sur les corps. Cette vue se relie
facilement à la conception téléologique, en vertu de
laquelle Dieu meut et gouverne l'ensemble des choses ;
et ainsi elle apparaît comme favorable à la morale et à
la religion. En revanche, elle contrarie le progrès de la
science. Comment, en effet, mesurer et prévoir l'action
d'une force immatérielle sollicitée par des raisons
esthétiques et morales ? En fait, la science du réel fit
peu de progrès tant qu'elle resta placée à ce point de vue.

A la Renaissance, se développe une conception toute
différente. Au lieu d'opposer le mouvement et le repos,
Galilée les considère comme analogues : la matière se
suffit à elle-même, aussi bien dans le mouvement que dans
le repos. D'elle-même, sans intervention surnaturelle,
elle conserve indéfiniment un mouvement uniforme et
rectiligne ; d'elle-même, elle ne peut, ni passer du repos
au mouvement, ni passer du mouvement au repos : c'est
le principe d'inertie. Sans doute, si l'on veut se représenter l'origine du mouvement, il faut supposer une
première impulsion, une chiquenaude, comme dira

Pascal; mais, au point de vue de son état actuel qui est l'objet de la science, la matière porte en elle de quoi expliquer son mouvement comme son repos. De cette notion d'inertie on crut d'abord pouvoir conclure à l'abolition de la force. C'est ainsi que Descartes crut pouvoir expliquer tous les phénomènes physiques par la seule loi de la conservation de la quantité de mouvement, corollaire du principe d'inertie. La force, comme telle, est proscrite de son système. Cette philosophie put se développer déductivement, comme la mathématique elle-même, dont elle était le prolongement ; mais vint un moment où on la confronta avec les faits, et alors on la trouva insuffisante. Newton, pour rendre compte du mouvement des astres, jugea nécessaire de rétablir la notion de force. Il part du principe d'inertie, suivant lequel un corps conserve indéfiniment son mouvement uniforme et rectiligne. Mais les astres sont animés d'un mouvement à la fois curviligne et non uniforme. Pour expliquer cette modification du mouvement, il faut admettre qu'une force vient du dehors agir sur le mobile. Cette réapparition de la notion de force n'est pas la restauration de la conception antique. Pour les anciens, la force réside dans une forme supérieure et métaphysique ; elle agit d'en haut, à la manière d'une âme : c'est Dieu lui-même qui, par sa perfection, produit le mouvement des astres. Pour Newton, au contraire, la force est attribuée à la matière elle-même : un atome n'a pas le pouvoir de modifier son propre mouvement, mais il peut modifier le mouvement des autres atomes. C'est ainsi que, sans sortir de la matière, on arrive à expliquer des modifications dans la vitesse et la direction du mouvement. Dieu est éliminé du monde, en tant, du moins, qu'on le considère comme un artiste

produisant par des actes distincts tous les détails de son
œuvre.

Mais admettre l'existence d'une telle force, n'est-ce
pas restaurer les qualités occultes ? Newton, nous le
savons par ses déclarations mêmes, n'entend pas, par
l'attraction, une force métaphysique analogue à l'action
d'une âme. Ce n'est là pour lui qu'une expression, et
comme une métaphore, désignant une relation phénoménale. Il n'en reste pas moins que, pour lui, la force
est la cause du mouvement. Or, la cause doit être an-
térieure à l'effet. Si donc ce n'est pas là une qualité
occulte, c'est du moins encore quelque chose de métaphysique et d'invisible, qui précède logiquement les
phénomènes. Les mathématiciens s'en sont rendu
compte. Aussi les voit-on, aujourd'hui, s'efforcer de
transformer le rapport de la force au mouvement en une
simple dépendance mutuelle, en un rapport de solidarité.
C'est en ce sens que la force est définie le *produit de la
masse par l'accélération*. La force et le mouvement sont
ici deux données, qui sont en relation l'une avec l'autre,
sans que l'on ait à poser la question de savoir si c'est la
force qui est cause du mouvement ou si c'est le mouvement qui est cause de la force : telle est la relation du
diamètre à la circonférence.

La force, ainsi conçue, se réduit-elle à une notion
purement mathématique, ou contient-elle quelque élément nouveau ? Sans doute, la mécanique abstraite ne
diffère pas des mathématiques et consiste uniquement
en des substitutions de formules. Mais la mécanique
abstraite ne suffit pas pour arriver à la science de la
nature. Newton l'a bien vu ; c'est dans l'expérience
qu'il cherche les principes mathématiques de sa philosophie naturelle. Or, quel est cet élément qui ne se

trouve pas dans les mathématiques et qu'il faut demander à l'expérience ? C'est la mesure de l'action que
les corps exercent les uns sur les autres. En mathématiques, les conséquences se déduisent analytiquement
des définitions ; on part de l'identique et on le diversifie.
Ici, on part de choses étrangères les unes aux autres,
comme le soleil et les planètes, et on établit une dépendance régulière entre ces choses. Il s'agit donc bien d'un
rapport mathématique, mais ce rapport ne peut être
affirmé ni connu *a priori*. Et ainsi, ce qu'il y a de nouveau dans la notion de force, c'est, en définitive, l'idée
de la causalité physique, ou, plus précisément, l'idée
de loi naturelle proprement dite. La force est une dépendance régulière connue expérimentalement entre des
choses extérieures l'une à l'autre. Donc il s'y trouve
un élément extra-mathématique.

Mais ne peut-on pas dire que l'affirmation des lois
naturelles résulte d'une nécessité spéciale de l'esprit ?
Après Kant, de profonds philosophes soutiennent aujour-
d'hui encore que la notion de loi résulte de notre constitution mentale et qu'elle réside dans un jugement synthétique *a priori*. Ces philosophes justifient leur thèse en
disant que cette idée de loi causale nous est nécessaire pour
penser les phénomènes, c'est-à-dire pour les ramener à
à l'unité dans une conscience. Les phénomènes sont,
en eux-mêmes, hétérogènes. La notion de loi, en établis-
sant entre eux des relations universelles et nécessaires,
leur confère la seule unité que comporte une multiplicité hétérogène. Cette théorie prête, selon nous, à des
objections.

Tout d'abord, est-il évident que nous ayons un besoin
irrésistible de penser les phénomènes, de les ramener
tous à l'unité, d'établir entre nous et eux, en un sens

absolu, la relation métaphysique de sujet à objet ? Sans doute, nous avons besoin d'unité, mais il est difficile d'établir que ce besoin prime tous les autres et gouverne toute notre vie intellectuelle. En fait, l'histoire de la philosophie nous présente aussi bien des esprits tournés vers le multiple et le changeant que des logiciens épris de réduction à l'unité. Or, si l'unité n'est pas nécessaire, les moyens de l'obtenir ne le sont pas non plus.

Mais on peut aller plus loin. En admettant même que nous éprouvions ce besoin impérieux et absolu de penser les choses, est-il certain que les catégories réalisent la fin qu'on leur assigne, à savoir l'assimilation des choses par l'esprit ? Il semble que l'on ait trop vite accordé ce point à la doctrine kantienne. En effet, penser les choses, c'est comprendre leurs rapports, leurs affinités naturelles ; c'est voir comment, d'elles-mêmes, elles se groupent et s'unifient. Mais les catégories de Kant les laissent, comme elles les prennent, extérieures et étrangères les unes aux autres. Elles les rapprochent artificiellement, comme on rapproche des pierres pour faire une maison. Elles ramènent la nature, qui devrait unir les êtres d'après leur parenté, à l'art, qui les assemble d'après ses convenances. Un paquet de sensations est-il une pensée ?

Ce n'est pas tout, et l'on peut se demander si la position prise par Kant peut être maintenue comme définitive, ou si elle ne doit pas forcément être dépassée dans un sens ou dans l'autre. Plusieurs, on le sait, objectent à Kant que, si les catégories sont purement subjectives, il est inexplicable que la nature s'y conforme. Dans ces termes, l'objection n'est peut-être pas juste, car, dans le kantisme, ce que nous appelons la nature est déjà l'œuvre de l'esprit, non sans doute de la pensée indivi-

duelle, mais de la pensée humaine universelle présente
en chaque conscience individuelle ; et l'esprit indivi-
duel ne fait que retrouver ce que la raison construit
et unifie *a priori*. Mais on peut, semble-t-il, présenter une objection voisine de celle-là. Ou les lois que
l'esprit apporte, dirons-nous, trouveront une matière
analogue qui s'y conforme, et alors, comment saurons-
nous que ces lois viennent de nous plutôt que de l'observation des choses, qu'elles sont connues *a priori* plutôt qu'*a posteriori* ? — ou les choses ne se confor-
meront pas à ces lois, et alors, prétendrons-nous que c'est
nous qui avons raison et la nature qui a tort ? Il est
manifeste que, du jour où les faits nous apparaîtront
avec évidence comme rebelles aux cadres que nous
voulons leur imposer, nous travaillerons à nous débarrasser de ces cadres et chercherons à nous former des
conceptions plus appropriées aux faits.

Ainsi les lois mécaniques ne sont pas une suite analytique des vérités mathématiques, et ne reposent pas
non plus sur des jugements synthétiques *a priori*. Sont-
elles dérivées de l'expérience ? Les anciens ne préten-
daient tirer de l'expérience que le général et le probable,
c'est-à-dire ce qui arrive ordinairement ὡς ἐπὶ τὸ πολύ ;
ils lui demandaient des règles, non des lois universelles et
nécessaires. Mais, pour les modernes, l'induction est
comme un mot magique, sous l'influence duquel le fait
se transmue en loi. Par l'induction dite scientifique,
laquelle n'aurait à peu près rien de commun avec l'induction ancienne, on prétend tirer du particulier
l'universel, du contingent le nécessaire. Cependant,
si méthodique et si féconde que soit l'induction moderne,
jamais elle ne pourra, sans dépasser l'expérience, nous
conduire à de véritables lois. Il nous est impossible, en

effet, de connaître, par l'expérience, l'inertie et la force ;
il faudrait pour cela avoir assisté à la création. Nous
n'observons jamais le mouvement exactement uniforme
et rectiligne que prendrait un corps en mouvement soustrait à toute action étrangère, non plus que la persistance
dans le repos d'un corps qui n'a pas reçu d'impulsion.
La dualité de l'inertie et de la force, l'action de forces
multiples, la composition de ces forces sont des choses
qu'on ne saurait constater.

On peut aller plus loin et dire que l'induction ne peut
rendre raison même des caractères les plus généraux des lois mécaniques. En effet, nous n'observons
que des moments séparés les uns des autres, c'est-à-
dire la discontinuité, et cependant nos lois nous donnent la *continuité*. En second lieu, ces lois impliquent
la *précision*, tandis que l'expérience ne nous fournit
que des à-peu-près. Ensuite, nous posons comme fondamentales des *relations définies* entre tels ou tels phénomènes, tandis que l'expérience nous donne une infinité
de relations entre lesquelles il n'y a ni priorité ni séparation. Enfin, nous attribuons à nos lois la *fixité*, comme
un caractère essentiel. Or, nous ne pouvons pas dire en
cela que nous jugeons de l'avenir par le passé, car le
passé ne nous est connu que dans une mesure insigni-
fiante. On affirme très sérieusement aujourd'hui que les
espèces ne sont pas éternelles, mais ont leur histoire.
Pourquoi les lois, ces types des relations entre phénomènes, ne seraient-elles pas elles-mêmes sujettes au
changement ? La fixité que nous leur attribuons est un
caractère que nous ajoutons aux données de l'expérience
et qui ne saurait nous être révélé du dehors.

Toutefois si les lois mécaniques ne sont connues, sous
leur forme propre, ni *a priori* ni *a posteriori*, il ne s'en-

suit pas qu'elles soient fictives. Le concept de loi est le produit de l'effort que nous faisons pour adapter les choses à notre esprit. La loi représente le caractère qu'il nous faut attribuer aux choses pour que celles-ci puissent être exprimées par les symboles dont nous disposons, les données que la physique doit fournir aux mathématiques pour que les mathématiques puissent s'unir à elle. Et l'événement prouve que certains phénomènes de la nature se prêtent à cette exigence, de telle sorte que la notion de loi mécanique domine toute la recherche scientifique, au moins comme idée directrice.

Nous avons examiné la nature des lois mécaniques ; il reste à rechercher quelle est leur objectivité et leur signification, c'est-à-dire dans quelle mesure nous sommes fondés à croire que les choses réalisent le mécanisme et jusqu'à quel point nous sommes enfermés dans ce mécanisme. Ces questions seront traitées dans la prochaine leçon.

# V

LES LOIS MÉCANIQUES.
## LES LOIS MÉCANIQUES.
*(Suite.)*

Nous avons vu, dans la précédente leçon, que les lois mécaniques ne sont pas une simple promotion et complication des mathématiques ; en effet, elles impliquent un élément nouveau, qui ne peut être ramené à l'intuition mathématique, à savoir la solidarité de fait, la dépendance régulière et constante, empiriquement donnée et inconnaissable *a priori*, entre deux grandeurs différentes. Nous avons montré que ces lois ne sont pas non plus des vérités purement expérimentales. Elles résultent de la collaboration de l'esprit et des choses ; elles sont des produits de l'activité de l'esprit, s'appliquant à une matière étrangère ; elles représentent l'effort qu'il fait pour établir une coïncidence entre les choses et lui. Nous nous demandons maintenant en quel sens les lois mécaniques peuvent être considérées comme réalisées dans la nature.

Le premier mouvement des créateurs du mécanisme scientifique fut d'accorder l'existence objective à ces lois qui nous permettent d'expliquer si rigoureusement les choses, et la première doctrine que nous rencontrons à ce sujet est le dogmatisme. Selon cette doctrine, les lois mécaniques sont, comme telles, inhérentes aux choses prises en soi, indépendamment de l'esprit qui les considère. Descartes professe ce mécanisme métaphysique : la matière et le mouvement, ramenés eux-mêmes à l'étendue, sont pour lui toute l'essence des choses autres que l'esprit, et ainsi les lois mécaniques existent comme telles dans la nature. Il y a plus : elles sont les lois fondamentales de la nature entière.

Cependant le cartésianisme prête à des objections graves. Sur quoi se fonde-t-il? Sur la clarté propre à l'idée d'étendue. Mais comment de cette clarté conclure au rôle d'essence de la nature corporelle attribué par Descartes à l'étendue? Descartes lui-même n'y parvient qu'en recourant, comme à un *Deus ex machina*, à la véracité divine. Mais comment concevoir le mouvement comme une chose existant en soi ? Le mouvement ne se suffit pas à lui-même. Le sens commun dit qu'il suppose quelque chose qui se meut, et le sens commun a raison. Pour établir un lien entre les diverses positions dont se compose le mouvement, il faut, ou un sujet permanent tel que la matière, ou un esprit qui embrasse les représentations de ces positions dans une même conscience. En un mot, le mouvement, à lui seul, ne renferme pas le principe d'unité dont il a besoin pour être réel.

Newton corrigea le mécanisme de Descartes, mais en restant dogmatique. Quand il dit: *Hypotheses non fingo*, il veut signifier qu'il ne se contente pas, comme Descartes, d'explications simplement possibles, mais qu'il prétend découvrir les causes réelles et effectives des choses, les lois que Dieu lui-même a eues présentes à l'esprit en créant et ordonnant l'univers. Newton introduit ce sujet matériel qui manquait au mécanisme cartésien ; il admet, comme condition du mouvement, des corps doués de forces, et par là il pense assurer, beaucoup mieux que ne faisait le cartésianisme, l'objectivité des lois mécaniques. C'est ainsi qu'il reconnaît l'existence du mouvement réel, tandis que, chez Descartes, il n'existait que des changements relatifs. Il faut distinguer soigneusement entre le newtonisme comme science et le newtonisme comme métaphysique. Le newtonisme comme science se contente, à peu près autant que le peut l'esprit humain, de notions expérimentales ou mathématiques. Mais, si l'on veut ériger cette science en connaissance de la nature telle qu'elle existe en soi, il faut réaliser, et l'espace, et la causalité mécanique, et la force, et les atomes, et même l'attraction, ou tel autre mode d'action de la cause du mouvement. Dès lors surgissent les difficultés si bien mises en lumière par Berkeley, dont le système est tout d'abord la réfutation du newtonisme érigé en métaphysique. Si l'espace, dit Berkeley, si la matière, les atomes, la causalité mécanique, la force, l'attraction et la répulsion sont des réalités objectives, il faut d'abord avouer que ce sont des choses inconnaissables pour notre esprit. Car ce n'est que par une abstraction artificielle que nous les détachons des sensations dont nous avons conscience. Elles ne nous sont jamais données en elles-mêmes et elles ne peuvent l'être. Mais ce n'est pas tout : non seulement de telles choses, si elles existent, sont pour nous comme si elles n'étaient pas, mais nous ne pouvons même pas concevoir qu'elles existent en elles-mêmes. En effet, ces concepts, érigés en choses en soi, deviennent contradictoires : l'espace homogène et infini sans qualités, l'atome étendu et indivisible, la causalité mécanique où ce qui ne peut rien sur soi a pouvoir sur autre chose et qui nous jette dans le progrès à l'infini, l'action d'un corps brut sur un autre, de quelque manière qu'on se la représente : tous ces symboles, pris pour des réalités absolues, deviennent inin-

telligibles, ce qui ne paraîtra pas étrange si l'on se rap-
pelle que ces concepts, soumis à l'analyse, présentent
des éléments réfractaires à la pensée.

Une troisième forme du dogmatisme est celle qui a été
professée par Leibnitz. Selon lui, il y a partout à la fois
du mécanique et du métaphysique ; les lois mécaniques
existent, mais non pas comme telles, séparément et en
elles-mêmes, et ce n'est pas ainsi qu'elles sont réalisées
dans la nature. Leur réalité consiste en ce qu'elles sont
bien fondées, c'est-à-dire supportées par une réalité distincte d'elles-mêmes, mais existant en soi et contenant
les *requisita* de la mécanique. Ce sujet des phénomènes
mécaniques est la force, c'est-à-dire une essence métaphysique, laquelle, en définitive, présente une certaine
analogie avec nos âmes. Mais ce système soulève aussi des
difficultés. Les formules mathématiques des mécaniciens
ont été, depuis Descartes jusqu'à nous, tellement épu-
rées de tout contenu psychologique ou métaphysique,
qu'on ne voit plus de rapport entre la force telle qu'on
l'entend en métaphysique, et la force telle que la suppose la science. Cette dernière n'est qu'une mesure de
mouvements. On peut aussi bien la concevoir comme
suite que comme condition du mouvement. Dès lors, la
transition nous manque de la force scientifique à la
force métaphysique. La métaphysique de Leibnitz est
superposée du dehors à la science proprement dite.
Vraie ou fausse, ce n'est plus le mécanisme scientifique
qu'elle érige en réalité.

Les lois mécaniques ne peuvent donc être considérées
comme réalisées telles quelles dans la nature des choses.
Les concepts dont elles se composent deviennent inintelligibles, quand on en fait des êtres. Faut-il donc leur
dénier toute réalité véritable et dire, avec l'idéalisme,

qu'elles ne sont autre chose qu'une expression et une projection des lois de l'esprit lui-même ? Entendus en un sens idéaliste, les concepts dont se composent les lois mécaniques échappent aux contradictions qui apparaissent quand on les entend dans un sens réaliste. Ainsi l'espace, forme de la sensibilité, n'est plus contradictoire comme l'espace existant en soi. La causalité mécanique liant des représentations ne prête plus aux objections que soulève cette causalité conçue comme liant des choses. Mais l'idéalisme ne réussit pas à se maintenir ; et, à mesure qu'il serre le problème de plus près, il est réduit à admettre en lui des éléments destructeurs. En principe, l'idéalisme consiste à expliquer l'inconscient par le conscient, les choses par la pensée. Mais l'histoire de la philosophie nous montre comment il est contraint, pour expliquer le donné, de faire appel à l'inconscient et de lui faire une place à côté ou même au-dessus du conscient. Chez Kant, au sein même de l'intelligence apparaît le jugement synthétique *a priori* que l'intelligence est obligée d'accepter comme une sorte de fait métaphysique, sans le comprendre véritablement. Fichte, sous le moi conscient, place le moi absolu, de qui l'activité précède l'intelligence, et c'est cette activité qui, subissant un choc inexplicable, explique le moi comme le non-moi. Chez Schelling, l'absolu deviendra l'identité du moi et du non-moi ; chez Hégel, l'identité des contradictoires, scandale pour la pensée. Ainsi, de plus en plus, le moi est poussé à sortir de lui-même et à recourir à quelque principe hétérogène ; de plus en plus, l'idéalisme se renie et se rapproche du réalisme.

Si donc les lois mécaniques n'existent pas objectivement, elles ne sont pas non plus de simples projections de l'esprit conscient. Elles attestent l'existence de quelque chose qui diffère de l'esprit, et qui cependant ne doit pas en être séparé. L'on échoue quand on veut déterminer la nature substantielle des choses ; et pourtant on ne peut les abolir. Tout ce que nous pouvons dire, c'est qu'il y a dans les choses une manière d'être qui suggère à notre esprit l'invention des lois mécaniques. En quoi peut bien consister, en réalité, l'action des choses dans la nature ? C'est ce que nous ne pouvons que conjecturer par analogie, en considérant ce qui se passe en nous.

En définitive, la conscience est le seul sentiment de l'être dont nous disposions. Or, les phénomènes qui, chez l'homme, affectent l'esprit dans son union la plus intime avec le corps sont les phénomènes d'habitude, et il semble bien que les effets en aient une certaine ressemblance avec la causalité mécanique. Au point de départ se trouve, au moins dans certains cas, l'activité de l'esprit ; les actions sont rapportées à la pensée comme à leur cause génératrice. Peu à peu elles se détachent de la pensée et se poussent en quelque sorte les unes les autres. C'est ainsi que, dans certains cas et chez certains hommes, les paroles se suivent sans que la pensée les détermine ; l'inertie et la force mécanique se retrouvent dans la persistance de nos états de conscience et dans leur influence réciproque. Cette vue, sans doute, ne résulte pas d'une induction fondée sur les résultats de la science, elle n'est qu'une simple analogie ; mais elle constitue la seule manière dont nous puissions nous représenter la réalité de l'action mécanique. C'est, pour nous, la dégradation de l'action véritable, l'activité suppléée par un lien entre ses produits, dégagée par là même et rendue libre pour des tâches nouvelles. Si de telles actions existent, les lois mécaniques sont la forme que nous leur attribuons pour pouvoir les soumettre au calcul mathématique. Et l'on s'explique que nulle part le savant ne puisse trouver les conditions de la science exactement réalisées dans les phénomènes.

Reste une dernière question : les lois mécaniques fondent-elles un déterminisme absolu ?

Il est peu d'hommes et même de métaphysiciens qui acceptent comme absolu le déterminisme mécanique. On croit communément que l'homme peut produire des mouvements en conformité avec ses volontés. Dans les pays mêmes où le déterminisme est professé par d'éminents philosophes, tous les éducateurs, tous ceux qui s'adressent à la conscience et prétendent régler la conduite, affirment l'existence du libre arbitre et de son pouvoir sur les choses. C'est ce que nous voyons en Allemagne et aussi en Angleterre. Mais on a plus de peine à démontrer son opinion qu'à s'en persuader.

Comment raisonne-t-on pour écarter la nécessité mécanique ? Le sens commun admet que l'âme peut produire des mouvements ; mais c'est là une pure apparence, qui tient difficilement devant la critique. L'âme, dit on, est une force ; mais on abuse de ce mot. On passe, sans dire de quel droit, de la notion de force morale ou métaphysique à la notion de force mécanique. Si l'âme est une force, au sens où il faut qu'elle le soit pour imprimer du mouvement à un corps, il faut, en vertu du principe d'inertie, qu'elle modifie la quantité de la force là où elle intervient. Mais ceci est étrange en soi, et contraire aux expériences et aux inductions, lesquelles nous montrent la quantité de force comme constante dans la nature. Devra-t-on dire que l'âme annule une quantité de force précisément égale à celle qu'elle produit ? Cette conception ne pourra paraître que tout à fait arbitraire.

On trouve chez les philosophes une explication plus

subtile : l'action de l'âme sur le corps serait réelle, mais
métaphysique et non mécanique. Descartes admet que,
dans la nature, la quantité de mouvement reste constante,
mais que l'âme peut changer la direction du mouvement.
Les lois mécaniques restent sauves, puisque, selon Descartes, elles ne déterminent pas la direction et que celle-
ci doit venir d'ailleurs. Malgré les objections de Leibnitz,
lesquelles vraisemblablement ne sont pas décisives, cet
expédient, entendu dans des sens plus ou moins compliqués, a été plusieurs fois reproduit. De nos jours, M. Cour-
not, constatant que la somme de travail nécessaire pour
la mise en train d'une machine peut être indéfiniment
diminuée, admet un cas limite où ce travail serait nul.
Il serait alors remplacé par un pouvoir directeur appar-
tenant, par exemple, aux organismes ou à la pensée.
M. Boussinesq admet qu'il existe des cas où l'état initial
d'un système ne détermine pas entièrement la marche
que doit prendre le phénomène. Il y aurait alors des
bifurcations plus ou moins nombreuses, rendant possible l'intervention d'un pouvoir directeur. Ici viendrait
se placer l'action attribuée par Claude Bernard à la
vie comme idée directrice : la vie ne viole pas les lois
mécaniques, mais imprime aux mouvements une direction qu'ils n'auraient pas prise d'eux-mêmes.

Cette théorie très séduisante a été soutenue, on le
voit, par des savants de premier ordre. On ne peut
dire cependant qu'elle soit parvenue à s'établir. En ce
qui concerne le passage à la limite, c'est un expédient
qui choque la raison, et qui ne paraît pas, en dépit des
apparences, autorisé par les mathématiques. Celles-ci
ne déclarent A égal à B, en tant que leur différence
peut être rendue plus petite que toute quantité donnée,
que lorsque A et B sont donnés tous deux comme

quantités déterminées et fixes. On distingue le juste et
le faux emploi de la méthode des limites. Or, si petite
que l'on conçoive la force nécessaire à la mise en train
d'une machine, cette force est toujours requise et ne
devient jamais nulle. Quant aux solutions singulières
de M. Boussinesq, elles ont été contestées par d'autres
mathématiciens, et il semble téméraire de suspendre
l'efficacité du libre arbitre à des spéculations qui ne
présentent pas une évidence parfaite.

Mais une distinction importante nous paraît dominer
toute cette question. Tant qu'avec Descartes et même avec
Leibnitz on s'est borné à poser des lois de constance de
la quantité en général, une place est nécessairement
restée à l'indétermination. La constance peut toujours
être assurée de plusieurs manières. Mais, avec Newton,
les lois mécaniques éliminent cette part d'indétermination. Ce dernier ne se contente pas d'une loi abstraite.
Il détermine la quantité et la direction du mouvement
qui, dans chaque cas, doit être réalisé. Il enveloppe la
loi de conservation dans une loi concrète qui indique
le mode de son application. Dès lors, si le mouvement
est modifié, ce ne peut être que par une dérogation formelle à la loi, par un miracle.

Il existe une manière particulièrement métaphysique
d'échapper au déterminisme mécanique, c'est, tout en
l'admettant pour les phénomènes extérieurs, de rompre le
lien qui rattache à ces phénomènes les formes supérieures
de l'existence. Une relation nous est donnée entre les
mouvements organiques et les états intellectuels. Or, si à
chaque pensée correspond un mouvement déterminé et
si les mouvements sont liés entre eux nécessairement,
il en résulte que les pensées sont, elles aussi, liées entre
elles nécessairement. C'est cette dépendance de la pen-

sée à l'égard du mouvement que certains philosophes s'efforcent d'atténuer ou de faire évanouir. Descartes admettait en ce sens que, lorsqu'une passion se produit en nous par suite d'une action extérieure, nous ne sommes pas condamnés à nous attacher aux pensées que cette passion provoque. Selon lui, nous avons le pouvoir d'appeler devant notre esprit et d'y retenir par l'attention des pensées différentes. Par exemple, quand notre organisme nous imprime un mouvement de colère, nous pouvons amener devant notre conscience, à la place des idées de vengeance, les idées de justice, de modération et de devoir. La pensée, ainsi, n'est pas indissolublement liée à l'organisme. Leibnitz, en un sens, va bien plus loin que Descartes, puisqu'il rompt toute communication entre le corps et l'âme, et soutient que la vie des âmes demeurerait la même si tous les corps étaient anéantis. Mais, en revanche, il admet une harmonie préétablie entre les corps et les esprits. L'esprit, toutefois, n'est pas mis pour cela sous la dépendance du corps. C'est le contraire qu'a en vue Leibnitz, puisque, pour lui, les causes efficientes sont suspendues aux causes finales. Enfin Kant supprime tout lien entre le sujet moral et le monde du mouvement : pour lui, le noumène, absolument libre des entraves du mécanisme, a la faculté de se déterminer d'une manière absolument autonome.

Ces diverses théories sont ingénieuses ou profondes, mais laissent une forte part à l'hypothèse. Premièrement, d'où sait-on que le lien entre l'ordre mécanique et les ordres supérieurs est lâche et susceptible de ruptures ? Ensuite, qui nous garantit que les ordres de choses ainsi superposés à l'ordre mécanique ne seront pas, eux aussi, des déterminismes, différents peut-être, mais également inflexibles ? Mais ce système fût-il admis, il ne nous donnerait que médiocrement satisfaction, parce qu'il laisserait hors de nos prises le monde du mouvement dans l'espace, c'est-à-dire, en définitive, le monde où nous vivons et sur lequel il nous importe tout d'abord de pouvoir agir.

La liaison mécanique, il faut le reconnaître, est la forme la plus parfaite du déterminisme, parce qu'elle représente la coïncidence de la réalité expérimentale et des mathématiques. Mais la question est de savoir si ce déterminisme doit être transporté, de l'explication des phénomènes qu'il régit, aux êtres mêmes dont nous cherchons à systématiser les manifestations. Quand nous nous demandons si le mode d'action des corps les uns sur les autres compromet notre liberté, nous posons mal la question. Les corps n'agissent pas les uns sur les autres. C'est par abstraction et construction artificielle que nous isolons un monde d'atomes et de forces mécaniques et le considérons comme se suffisant à lui-même. Ce monde, dans la réalité, ne se suffit pas. Non seulement les atomes et la causalité mécanique ne se conçoivent pas sans un esprit qui les pense, mais les mouvements mécaniques ne peuvent être isolés des phénomènes physiques et organiques existant dans la nature. Savons-nous si les lois mécaniques sont cause ou conséquence des autres lois? Et, si par hasard elles étaient conséquence, pourrions-nous affirmer qu'elles sont rigoureuses et qu'elles sont immuables? S'il y a des actions dans la nature, ces actions sont tout autre chose que la prétendue action d'un corps sur un autre, laquelle n'est qu'une relation numérique. Et, comme rien ne prouve que le support réel des phénomènes dits mécaniques soit lui-même mécanique et soumis au déterminisme, il n'y a point de chaîne à rompre pour

faire pénétrer une influence morale dans ce qu'on
appelle le monde de la matière et du mouvement. Les
corps, dans le fond, nous ressemblent déjà, ou ils ne
sont pas pour nous. La distinction des lois ou rapports
et des phénomènes ou éléments, calquée sur celle des
préceptes et de la volonté, est un artifice de l'esprit
pour réduire en idées la plus grande part possible de la
réalité donnée. Dans l'être même, cette distinction s'éva-
nouit et, avec elle, le déterminisme qui la suppose.

# VI

Nous avons vu que l'expérience intervient comme élément essentiel dans l'établissement des lois mécaniques. D'autre part, ces lois ont une forme rigoureusement mathématique. Si elles pouvaient réaliser exactement, sans sacrifice de part ni d'autre, la synthèse du rationnel et de l'expérimental, elles exprimeraient un déterminisme véritablement nécessaire. Mais les deux éléments y sont moins fondus que juxtaposés : ce qu'il y a de mathématique dans les lois mécaniques ne s'applique pas exactement à la réalité, et ce qu'elles renferment d'expérimental reste inconnu dans sa nature et dans sa cause. Quoi qu'il en soit, l'accord des mathématiques et de l'expérimental est, dans les lois mécaniques, assez voisin de la coïncidence pour que ces lois soient, dans la pratique, l'exemplaire le plus parfait que nous possédions de la détermination nécessaire. Nous allons aujourd'hui étudier les lois physiques et chercher si elles ne sont qu'un cas particulier de la détermination mécanique, ou si elles ont leur originalité et leur signification propre.

Le premier sentiment de l'homme fut de considérer les qualités physiques que nous révèlent nos sens comme inhérentes aux corps eux-mêmes ; il est clair qu'ainsi envisagés, les phénomènes physiques ne se peuvent ramener aux phénomènes mécaniques. Lo changement, dans la doctrine dont il s'agit, implique une destruction et une production de formes substantielles qui est en contradiction avec l'homogénéité et la continuité des phénomènes proprement mécaniques. Mais cette manière de voir est très défavorable à la science ; car les choses, ainsi considérées, se prêtent difficilement à l'application des mathématiques. Aussi Descartes opéra-t-il une révolution féconde en dépouillant les choses des qualités sensibles et en rapportant celles-ci au sujet connaissant. Pour Descartes, la clarté des idées est la marque de leur vérité. Or, la qualité sensible n'est pas objet d'idée claire. Elle ne saurait donc exister telle qu'elle nous apparaît. Au contraire, l'étendue et le mouvement sont objets d'idées claires. De plus, nous avons une tendance naturelle à rapporter nos sensations à des choses étendues comme à leur cause ; et, en vertu de la véracité divine, cette tendance doit faire loi pour nous. Nous affirmerons donc *a priori* que l'étendue et le mouvement doivent suffire à expliquer tous les phénomènes de la nature. La physique, dès lors, ne sera qu'une suite de la mécanique.

· Cette théorie ne put d'emblée s'appliquer aux faits ; et, au xviii° siècle, on superposa au mouvement des agents physiques spéciaux. L'électricité fut expliquée par deux fluides opposés ; la lumière, la chaleur, le magnétisme, par des fluides distincts. Toutefois le principe cartésien ne fut jamais complètement abandonné : il demeura comme indiquant l'idéal de la science parfaite.

Dans notre siècle, on tend de nouveau à éliminer les qualités et à ramener le physique au mécanique. La théorie mécanique de la chaleur en est la preuve. Conformément à la tradition cartésienne, de nombreux savants estiment que le mouvement suffit à expliquer

tous les phénomènes physiques: *heat is motion*, dit Tyn-
dall. Toutefois les travaux les plus récents des physiciens contemporains dénotent une certaine défiance à
l'égard de cette théorie prise sous sa forme précise. On
lui reproche de trop porter le savant à raisonner déductivement, et aussi d'être trop métaphysique. Dire que
la chaleur est du mouvement, n'est-ce pas se pronon-
cer sur la nature même de la chaleur? Aussi, M. Lipp-
mann prend-il soin de substituer à l'expression « théorie mécanique de la chaleur » celle de « thermodynamique », laquelle ne préjuge pas la nature de la chaleur, et
de rechercher, non pas l'essence des phénomènes, mais
simplement leurs lois. Dès lors, nous devons nous
demander si, d'après les conclusions de la science
actuelle, il semble y avoir dans la physique quelque
élément irréductible à la mécanique, ou bien s'il n'y a,
dans l'objet de ces deux sciences, rien de plus qu'une
différence de complication et de degré.

Le caractère essentiel d'un phénomène mécanique
est la réversibilité. Dans la mécanique abstraite, un
mobile qui vient de parcourir le chemin A B, devra, si
l'on change le sens du mouvement, repasser exactement par les mêmes positions de B en A. Les conditions de la mécanique abstraite étant sensiblement
réalisées dans la mécanique céleste, nous pouvons
dire que, si le sens du mouvement d'un astre venait à
changer, cet astre repasserait exactement par les
mêmes points, et décrirait, par exemple, une ellipse
identique. Mais, dans la mécanique concrète, laquelle
est déjà de la physique, puisque tout travail engendre
de la chaleur, le frottement empêche la réversibilité.
Or cette différence est générale : aucun phénomène
physique ne peut se reproduire d'une manière identi-

que, si l'on en change le sens. Ainsi, pour aller de A
en B dans notre atmosphère, un pendule, par exemple,
devra surmonter une résistance; pour vaincre cette
résistance, il devra produire un travail ; et, en
travaillant, il perd une partie de son énergie. Si donc
on change le sens du mouvement, ce mobile ne revien-
dra pas au point de départ, puisqu'il a déjà perdu de
l'énergie à l'aller, et qu'il va encore en perdre au
retour. On peut établir comme règle universelle que
toutes les fois qu'il y a travail, il y a, avec une production de chaleur, perte irréparable de la condition
primitive. Cette loi introduit en physique un élément
différent des éléments mécaniques. En mécanique, ont
considère une force qui conserve toujours la même
nature et la même qualité; en physique, au contraire,
la qualité diffère ; le travail est d'une qualité supérieure
à la chaleur ; la chaleur à 100° est d'une qualité
supérieure à la chaleur à 99°. Jamais la chaleur
ne reconstitue intégralement le travail dont elle est
issue; la qualité de l'énergie va toujours en diminuant,
comme il résulte du principe de Clausius ; les phénomènes sont irréversibles, le résultat final est toujours
une déchéance. Qu'est-ce à dire, sinon que la physique
ne peut faire abstraction de la qualité, au moins de la
qualité ainsi entendue ? C'est la maxime de M. Cornu :
en physique, dit-il, il n'y a pas seulement à se préoc-
cuper de la quantité de l'énergie, mais encore de sa
qualité. Les lois physiques ne peuvent donc se ramener
aux lois mécaniques ; un élément nouveau intervient :
la qualité. Ce n'est plus, sans doute, la qualité scolastique, mais c'est déjà un élément de différenciation et
d'hétérogénéité.

Demandons-nous maintenant ce qui, dans la réalité, correspond aux lois physiques et dans quelle mesure il nous est permis de les tenir pour objectivement existantes.

Lorsque s'établit dans la science la théorie mécanique de la chaleur, les philosophes crurent pouvoir en tirer un parti considérable. On vit, dans la loi d'équivalence du travail et de la chaleur, un cas de la loi générale de transformation des forces naturelles. On pensa qu'elle allait établir la continuité entre les choses qui paraissaient les plus hétérogènes. En effet, si le mouvement peut se changer en chaleur, pourquoi la chaleur ne se changerait-elle pas en force vitale, et celle-ci en pensée? Tout peut se changer en tout, le rêve d'Héraclite est réalisé; la transmutation, que les alchimistes ne cherchaient que de métal à métal, devient la loi universelle de la nature.

M. Renouvier a montré avec beaucoup de précision que cette interprétation est superficielle. La loi dont il s'agit, loin de prouver la possibilité des transformations, les exclut. En effet, elle n'est obtenue qu'en éliminant l'hétérogène pour ne considérer que l'élément homogène des choses. Le physicien écarte, pour la renvoyer au physiologiste, ou au psychologue, ou au métaphysicien, la meilleure partie de l'essence des phénomènes physiques ; et les lois qu'il pose ne concernent que les relations quantitatives que l'on peut découvrir dans ces phénomènes. Loin qu'il y ait transformation dans la production physique telle que l'envisage le savant, il y a passage du même au même, passage d'une distribution d'énergie à une autre distribution équivalente.

Cependant, qu'est-ce qui se conserve dans la nature, si ce n'est une force capable de revêtir toutes sortes de formes ? Spencer estime que la réalité d'une telle force n'est pas moins assurée que l'impossibilité d'en connaître l'essence, et il invoque, pour établir ce double caractère de la force universelle, les conditions de notre conscience et notre constitution mentale. *The force of which we assert persistence is that Absolute Force of which we are indefinitely conscious as the necessary correlate of the Force we know...* Affirmer la persistance de la force, c'est affirmer une réalité inconditiónnée, sans commencement ni fin. Or, par les conditions mêmes de la pensée, une conscience indéfinie de l'être absolu est posée comme nécessaire. (*Prem. Princ.* § 60 et sqq.) — Mais, comme le fait observer M. Dauriac dans son remarquable ouvrage *Des notions de matière et de force dans les sciences de la nature*, si ce qui se conserve est inconnaissable, comment savons-nous que cela persiste ? Ou ce principe transcendant n'a rien de commun avec les forces dont il s'agit dans la science, et sa prétendue persistance n'explique rien, — ou il est la substance des forces que nous connaissons ; et, en affirmant sa persistance, on affirme en réalité cette transmutation des forces que rien dans la science n'autorise à admettre.

Selon M. Renouvier, ce qui se conserve est proprement l'énergie cinétique. Mais nous avons vu que les physiciens se défient aujourd'hui de la réduction des phénomènes au mouvement. Il est même des mathématiciens qui jugent les deux principes de la thermodynamique incompatibles avec le mécanisme. L'énergie qui se conserve change en même temps de nature, et sa qualité va toujours en diminuant. En réalité, le principe de la conservation de l'énergie est plutôt un moule de loi qu'une loi unique et déterminée. Toutes les fois que l'on considère un système fermé,

il y a quelque chose qui s'y conserve. Ce quelque chose
variera, selon que ce système sera conçu comme formé
de forces mécaniques, ou physiques, ou chimiques.

Le concept de permanence reste à expliquer. Helmholtz dit à cet égard qu'il ne s'agit pas de décider si réellement tous les faits peuvent se ramener à des causes
constantes, mais que la science, en tant qu'elle veut
concevoir la nature comme intelligible, doit admettre
la possibilité d'une telle réduction, ne fût-ce que pour
acquérir la certitude irrécusable que nos connaissances
sont limitées (*Mém. sur la conservation de la force*,
Introd. ). Le principe de la conservation de la force est
donc, pour la science, une idée directrice. Mais rien ne
garantit que cette loi soit, telle quelle, inhérente à la
nature des choses. Cette loi, sous sa forme utile, n'est
pas connue *a priori*, elle ne s'impose pas à la pensée.
Elle a été découverte à force d'expériences et d'ana-
lyses, et ainsi elle est essentiellement expérimentale
et inductive. Elle a quelque chose d'artificiel, comme
toute induction, et il est difficile de la concevoir comme
absolue. En effet, soit un ensemble de forces. Ou ce
système, présente des solutions de continuité, ou il
est clos de toutes parts. S'il est ouvert aux influences extérieures, celles-ci pourront contrarier la loi
laquelle, dès lors, ne se réalisera que dans la mesure
où les influences extérieures seront faibles et négli-
geables. Si, au contraire, le système est fermé, la loi
de conservation ne se conçoit que comme coexistant avec
quelque cause de changement. Pour que l'énergie se
conserve à travers les changements, il faut qu'il y ait
des changements. Et si l'on veut concevoir les choses
dans leur réalité, on ne pourra séparer l'une de l'autre
la conservation et le changement, comme on sépare les

ingrédients d'un simple mélange physique. Il est
vrai qu'à côté des lois de conservation, nous possédons des lois de changement, telles que le principe
de Clausius. Mais ces lois, ni ne se ramènent à la loi
de conservation, ni ne suffisent à déterminer avec
précision les phénomènes. Déjà la forme négative du
principe de Clausius empêche que ce principe n'engendre une détermination complète.

Quelle est enfin la signification des lois physiques
en ce qui concerne le problème de la nécessité ? Pour
répondre à cette question, revenons à la distinction
des lois de conservation et des lois de changement. Les
premières sont construites sur le type des lois mathématiques ; elles sont nécessitantes, elles énoncent des
conditions précises, elles sont ou elles ne sont pas.
Mais elles ne fondent qu'une nécessité négative. Ce
sont des barrières analogues à celles que forment,
selon nous, les lois logiques, plus étroites seulement
et plus voisines des choses : elles laissent nécessairement les phénomènes en partie indéterminés.
Il faut bien se garder, en effet, de confondre déterminisme et nécessité : la nécessité exprime l'impossibilité qu'une chose soit autrement qu'elle n'est ; le
déterminisme exprime l'ensemble des conditions
qui font que le phénomène doit être posé tel qu'il
est, avec toutes ses manières d'être. La loi de
conservation est une loi de nécessité abstraite, mais
non une loi de déterminisme ; d'autre part, toute loi
qui, comme le principe de Clausius, règle la distribution
de la force, est bien une loi de déterminisme, mais est
et demeure exclusivement expérimentale. Une telle loi
n'est plus, comme la loi de conservation, une condition d'intelligibilité. Il n'y aurait rien de choquant

pour l'esprit à ce que les corps s'attirassent en raison
inverse de la distance, au lieu de s'attirer en raison
inverse du carré de la distance. Purement expérimentales, les lois de déterminisme ne peuvent prétendre à l'exactitude et à la rigueur absolues. Elles ne
peuvent, par elles-mêmes, dénoter un enchaînement
nécessaire. Elles ne deviendraient des lois de nécessité
que si l'on pouvait les ramener aux lois de conservation
et finalement à la formule *A est A*, ou si, du moins, on
avait de solides raisons pour croire qu'en droit elles
s'y ramènent. Mais cette réduction à l'unité de l'expérimental et du logique nous est impossible. Ou nécessité
sans déterminisme, ou déterminisme sans nécessité :
voilà le dilemme où nous sommes enfermés.

Cependant, dira-t-on, puisque nos lois se vérifient,
il est du moins naturel et moralement nécessaire de
les tenir pour immuables. Mais cette conclusion dépasse
l'expérience ; on ne sait pas si les lois physiques sont
fondamentales et primitives, ou si elles ne sont
que des résultantes. Interrogés à ce sujet, les physiciens, ou refuseraient de répondre, ou inclineraient
pour la seconde manière de voir. La loi même de la
gravitation ne fut pas considérée par Newton comme
une loi première. Mais il refusa d'en chercher les
causes, disant, à ce sujet, qu'il ne faisait pas d'hypothèses. Nous isolons ces lois pour la commodité de
notre étude, et parce que l'expérience nous y autorise
sensiblement. Mais qui nous dit qu'elles sont un
absolu, qu'il existe ainsi un côté de la nature qui se
suffit, qui ne subit pas l'influence du reste ? Tous ces
éléments de la réalité, qualités et formes de l'être, qu'il
a fallu éliminer pour constituer la physique comme
science, demeurent-ils, dans la réalité, inactifs, au-dessus

des abstractions de la science, comme les dieux d'Epicure au-dessus de notre monde ? La pensée, non moins que le sens du réel, ne demande-t-elle pas que les divers éléments du monde se conditionnent les uns les autres, pour que le monde soit un? Et si, dans la réalité, les lois physiques ne sont pas indépendantes des autres, lois que peut recéler la nature, comment affirmer qu'elles sont immuables et inflexibles? Il se peut qu'elles se soient formées par évolution, ainsi qu'on le dit aujourd'hui des espèces animales et sociales, et que leur fixité soit un état des choses, non une nécessité. Et il n'est pas légitime de prendre à la lettre le déterminisme qui, pour un phénomène physique, n'admet d'autre cause qu'un autre phénomène également physique, puisque de tels phénomènes ne sont que des abstractions, et que l'action, si elle existe dans la nature, est quelque chose de bien autrement complexe. En résumé, la considération des lois physiques marque, si on la compare à la considération des lois purement mécaniques, un progrès dans le déterminisme, en ce sens que des manières d'être que la mécanique laissait indéterminées, se trouvent maintenant expliquées suivant des lois. Mais, en devenant plus étroit, le déterminisme devient plus complexe et plus obscur, et moins réductible à cette liaison analytique qui seule serait la nécessité.

La prochaine leçon sera consacrée à l'étude des lois de la chimie.

# VII

## LES LOIS CHIMIQUES.

Les sciences qui nous ont occupés jusqu'ici avaient toutes, quoique à des degrés divers, un objet abstrait, et considéraient des propriétés existantes, mais non des êtres de la nature. La chimie, au contraire, considère des corps concrets existant en eux-mêmes. De là il semble résulter que cette science a, au point de vue philosophique, une plus grande portée que les précédentes, et que le déterminisme des lois chimiques pénètre plus avant dans l'essence même des choses. Voyons s'il en est ainsi.

La chimie est une science relativement récente. Comme le montre le savant et profond ouvrage de M. Berthelot sur *les Origines de l'alchimie,* on a tout d'abord expliqué les transformations des corps par l'action spontanée, soit de puissances surnaturelles, soit d'une φύσις qui était encore une sorte d'instinct divin, affranchi des lois mécaniques. Entre cette période, plus ou moins théologique, et la période scientifique actuelle, l'alchimie nous apparaît comme un intermédiaire. Selon les alchimistes, il doit être permis et il est possible à l'homme de mettre à son service les forces de la nature. Le moyen, c'est de s'appuyer sur la nature elle-même : *Natura a natura vincitur.* Leur théorie est la suivante. D'une part les éléments corporels sont susceptibles de transmutation ; d'autre part, celle transmutation comporte une rotation, un processus circulaire qui revient au point de départ. Un serpent qui se mord la queue, tel est le symbole adopté par les alchimistes. Le premier de ces deux principes est confirmé par l'expérience immédiate; car, dans une transformation chimique, on observe un changement complet de propriétés qualitatives. Mais les alchimistes, s'en tenant à l'observation immédiate, se sont trompés sur le simple et le composé. Pour eux, le simple, c'est le donné, et le composé, c'est ce que l'on forme avec ce donné. Ainsi un oxyde métallique est pour eux le simple; le métal que l'on en forme est le composé. Cette identification du donné avec le simple est une erreur identique à celle que l'on retrouve dans la philosophie de Locke, pour qui le simple est la sensation donnée, et le composé, l'idée qui en résulte. Quant au second principe adopté par les alchimistes, il est, lui aussi, conforme à l'expérience brute. En effet, en partant de l'oxyde métallique, on peut obtenir le métal; et, de même, si l'on chauffe le métal, celui-ci redevient oxyde.

C'est Lavoisier qui, en démêlant les principes de la chimie, a créé cette science telle qu'elle existe aujourd'hui. (Voir: Berthelot, *Notice historique sur Lavoisier.*) Il a établi, premièrement, que, dans les transformations chimiques, non seulement la matière en général demeure en quantité constante, mais que les corps spéciaux mêmes, sur lesquels opère le chimiste, demeurent sans altération de leur poids. Et, montrant que la calcination des métaux résultait de l'union du métal avec une portion de l'air environnant, et non d'une perte de phlogistique, il a fait du métal le simple, de l'oxyde le composé, changeant ainsi les bases de la science. En second lieu, d'après Lavoisier, les corps simples spéciaux, définis par leur poids, doivent suffire à expliquer la formation des composés. Il en donne un exemple mémorable en expliquant par la combinaison de l'hydrogène et de l'oxygène la composition de l'eau. Les substances mystérieuses, telles que le phlogistique, étaient décidément éliminées. Ainsi les corps dits simples imposent une limite à la décomposition et suffisent à la reconstitution des corps donnés. La chimie transporte ainsi aux espèces des corps la permanence que la mécanique n'attribuait qu'à la force prise en général.

De là résulte une différence capitale entre la physique et la chimie. Cette irréductibilité est-elle définitive? Les théories ont pour but de l'atténuer le plus possible. Selon la théorie atomique, des atomes, différant simplement en poids, en forme et en valence, suffisent, par leurs arrangements divers, à rendre compte des phénomènes chimiques. Mais ces différences, surtout la différence de valence, constituent encore des différences spécifiques. Cette dernière différence, qui concerne le nombre des atomes susceptibles de s'agréger pour former une molécule, ne peut se ramener aux propriétés physiques ou mécaniques. Dans la gravitation, par exemple, force mécanique, la masse et la distance interviennent seules. D'ailleurs la théorie atomique elle-même est impuissante à reproduire la variété et la complication de la nature. En vain elle se complique, admettant que les atomes peuvent échanger entre eux des demi-valences, qu'il peut y avoir des atomes à quatre dimensions (l'atome d'azote, par exemple), que les poids des atomes sont incommensurables entre eux. Toujours plane sur elle cet à-peu-près qui, selon le mot de M. Berthelot, jette une ombre sur tout le système. Concluons qu'actuellement la chimie se distingue véritablement de la physique, et cela en tant qu'elle admet des espèces de corps distincts, substratum de ce profond changement chimique que l'observation distingue du simple changement physique.

Quelle est la valeur objective des lois chimiques? Si l'on parvient un jour à ramener entièrement la chimie à la physique, le même reproche d'abstraction que celle-ci comporte, envisagée comme science de l'être, atteindra celle-là. Mais la théorie atomique prétend, avec quelques philosophes qui l'embrassent, atteindre, quant à sa forme générale, à la véritable constitution de la matière. Voyons si l'on peut lui attribuer une semblable portée.

Les atomistes modernes prennent pour point de départ le principe de Newton : « *Par les effets connaître les causes* », et, s'appuyant sur l'expérience et l'induction, ils pensent pouvoir aller des phénomènes à l'être. Mais, pour pouvoir être considérée comme une doctrine de l'être, la théorie atomique devrait d'abord être précise et homogène. Or les difficultés que nous avons signalées plus haut, notamment au sujet de la valence, montrent que la notion même de l'atome n'est pas définitivement constituée. L'auteur d'une étude approfondie sur *La matière et la physique moderne*, Stallo, montre que les chimistes ne parviennent pas à assurer l'homogénéité, la dureté, l'inertie de l'atome, lesquelles entrent cependant comme éléments essentiels dans sa définition. Les chimistes nous parlent aussi d'une énergie de position, distincte de l'énergie cinétique, dont il est malaisé de concilier la réalité avec les principes de l'atomisme. La vérité paraît être que cette théorie a rendu d'immenses services, qu'elle est une précieuse notation et sans doute la meilleure que nous possédions, mais qu'elle ne saurait prétendre à déterminer métaphysiquement la nature même des choses.

On peut aller plus loin et dire : y eût-il une plus complète coïncidence entre les faits et la théorie, on ne serait pas autorisé à considérer l'atomisme comme une théorie de l'être. En effet, le principe *ab effectibus ad causas* ne fournit jamais qu'une explication subjective. L'atome ne tombe pas sous les sens : il n'est conçu qu'à l'aide d'un raisonnement hypothétique. Or un tel raisonnement n'atteint jamais que le possible, la condition suffisante ou paraissant telle, étant donnés les faits dont on dispose, mais jamais la condition nécessaire. M. Friedel, à propos des objections que peut soulever la théorie atomique, allègue qu'aucun physicien n'est actuellement disposé à jeter par-dessus bord la théorie ondulatoire de la lumière, à cause des difficultés graves et même des contradictions que présente la conception de l'éther lumineux. De même, dit-il, il convient de continuer à se servir d'une théorie qui a permis de grouper un nombre incalculable de faits et qui chaque jour conduit à en découvrir de nouveaux. Un tel langage indique assez que l'on n'entend pas, au nom de la science, ériger l'atomisme en vérité absolue.

Mais la métaphysique vient à l'appui de cette théorie et prétend lui apporter le secours que la science ne peut ni ne veut lui fournir. D'une manière générale, on soutient que l'atome est l'élément qui présente au plus haut degré possible la réunion de la réalité et de l'intelligibilité. L'atome est réel, car il est déterminé : il est tel, en masse, en grandeur, en figure ; il est intelligible, car il est défini par les qualités que nous concevons le plus clairement, à savoir par les qualités géométriques. En outre, il suffit de concevoir les qualités sensibles comme liées aux propriétés des atomes pour expliquer par ces derniers les changements de nature qui semblent se produire dans les corps. Donc l'atome est intelligible et principe d'intelligibilité.

Mais ces affirmations donnent prise à la critique. Tout d'abord, on ne peut expliquer par l'atome l'infinie variété des choses qu'en se faisant de cet atome une notion plus ou moins extra-scientifique. Ainsi certains savants estiment que l'atome étendu ne se concilie pas avec la force centrifuge qu'impliquent les rapports des atomes situés à de petites distances les uns des autres, et ils réduisent l'atome à n'être qu'un centre de force, inétendu et cependant situé dans l'espace. Telle fut l'hypothèse de Boscovich, reprise par des savants comme Ampère, Cauchy, Carnot. (Voir la belle étude de M. F. Pillon sur l'*Evolution historique de l'atomisme*, dans l'Année philosophique, 1891.) D'autre part, pour expliquer par la combinaison des atomes les phénomènes de sensation et de pensée, certains métaphysiciens attribuent à l'atome, non seulement des propriétés mécaniques et physiques, mais aussi des propriétés psychiques. C'est ainsi que dans le système d'Epicure intervient le *clinamen*, lequel n'est, en définitive, qu'une ébauche du libre arbitre. De nos jours, l'atomisme entre dans une phase nouvelle avec Locke, comme l'a montré M. F. Pillon dans l'étude citée plus haut. Dieu est tout-puissant, dit Locke ; il peut donc, sans contradiction, conférer à l'atome à la fois l'étendue et la pensée. Suivant la direction imprimée par Locke à l'atomisme, Maupertuis accorde à l'atome, outre les qualités physiques, un rudiment de sensibilité et de pensée. Aujourd'hui encore, cette manière de voir se retrouve chez un savant comme Hæckel, lequel fait l'atome animé et voit dans l'affinité élective des corps la manifestation de tendances, de sensations et de volontés.

C'est ainsi qu'en faisant varier à volonté la notion de l'atome, on est parvenu à lui faire expliquer toutes choses ; mais en même temps on a rendu cette explication très peu probante. D'une manière générale, l'atomisme peut rendre raison de tout, pourvu qu'il introduise dans l'atome cela même qu'il s'agit d'expliquer. Or cette manière de développer l'atomisme est en contradiction avec son principe, lequel est essentiellement un principe d'économie, plus précisément l'idée d'expliquer le supérieur par l'inférieur, l'apparence de la finalité par le mécanisme, l'esprit par la matière.

Mais revenons à l'atomisme vrai, à l'atomisme géométrique. Est-il certain qu'il concilie l'intelligibilité et la réalité ?

Le point de départ de l'atomisme moderne est la distinction newtonienne de l'espace et des corps. L'espace n'est autre chose que le vide, et le vide n'est pas pensable. Quant aux corps, ce sont des grandeurs ; mais on ne peut les mesurer absolument, car on manque d'unité absolue de mesure, et l'on ne saurait comparer l'atome au point mathématique, sans tomber dans les difficultés insurmontables de l'infini. L'étendue n'est jamais qu'un rapport. Il en est de même du poids : le poids est un rapport, et dépend de l'attraction terrestre. D'une manière générale, nous ne disposons que de l'expérience pour déterminer la grandeur ou la masse des atomes. Or l'expérience ne peut nous donner que le relatif. Ainsi la notion de l'atome est sans doute claire et évidente, tant qu'on demeure dans l'abstrait ; mais, quand on veut déterminer l'atome par sa place dans l'espace, sa forme, son étendue ou son poids, la pensée se trouve en face d'une simple relation, partant d'une indétermination invincible.

C'est que la théorie atomique ne nous donne pas autre chose, en définitive, que le schème imaginatif de la notion de loi, exactement comme une courbe représente pour la vue les variations de la température ou le mouvement de la population. Une loi naturelle est un rapport constant entre deux termes définis et immuables; c'est ce rapport que représente excellemment un couple d'atomes dont l'action mutuelle dépend uniquement de leur distance. Convenablement déterminé, l'atome fournit des schèmes correspondant aux lois physiques et aux lois chimiques, lesquelles sont conçues d'après le modèle des lois mécaniques. Cette représentation est naturelle et très commode ; mais elle est relative à notre imagination, pour laquelle elle est construite. Une métaphore n'est pas une réalité.

Quelle est enfin la signification des principes de la chimie en ce qui concerne le déterminisme? Il est à remarquer que, dans l'antiquité, l'atomisme était une doctrine d'athéisme, ou du moins de non-intervention des dieux, tandis que, chez les modernes, il n'exclut pas en général les croyances religieuses. Newton relie étroitement l'idée de Dieu à la nature de l'espace et des lois mécaniques de l'univers. Boscovich est spiritualiste, et subordonne l'existence du monde, qu'il tient pour contingent, à l'arbitre d'une puissance infinie. Cette différence semble résulter de la notion qu'on s'est faite de l'inertie. Les anciens atomistes, en effet, admettaient que la matière possède en elle-même un principe de mouvement : dès lors ils n'avaient que faire de l'action d'un Dieu. Chez les modernes, au contraire, on considère séparément la masse et le mouvement, que l'on regarde comme indépendants l'un de l'autre. Dès lors leur réunion peut paraître exiger l'intervention d'une puissance surnaturelle. Il faut un Dieu pour donner la chiquenaude.

Malgré de nombreux exemples de conciliation entre l'atomisme et les croyances religieuses, il paraît juste de dire que l'atomisme, d'une manière générale, reste défavorable aux idées de providence et de liberté. En effet, sa tendance est d'expliquer le plus par le moins ; il attribue donc aux atomes le moins de qualités possibles, et les plus éloignées de l'esprit ; et dans cette philosophie, lors même qu'on croit devoir recourir à Dieu pour expliquer l'existence des atomes, l'action divine est réduite au minimum, on ne l'admet que dans la mesure où l'on ne peut pas s'en passer.

Cependant considérons, non plus l'atomisme, mais simplement l'idée générale des lois chimiques, à savoir le principe de la permanence du poids des corps. Avec la physique et la chimie, tout apparaît comme permanent dans la nature, la masse comme l'énergie. Que vaut cette permanence ? On est porté à croire que tout ce qu'on accorde à la permanence, on le retire à la contingence et à la liberté. Mais ce n'est là peut-être qu'un préjugé, dont l'origine paraît remonter à l'antiquité. Pour les anciens, l'idéal était la fixité, l'immutabilité. Épicure considère les dieux comme éternelle: ment oisifs, parce que le travail est un changement et une fatigue. Mais ces idées n'ont pas cours parmi les modernes au même degré que chez les anciens. A beaucoup d'entre nous le mouvement paraît supérieur au repos. Pour des raisons esthétiques et morales peut-être, en même temps que scientifiques, la conception de l'être et de l'idéal a changé : elle admet aujourd'hui, si elle ne les exige, le progrès, le perfectionnement, la flexibilité. Dès lors l'immutabilité n'est plus la marque de l'absolu, mais du relatif. La masse et l'éner-

gie sont immuables, donc elles ne sont que des phénomènes. Nous concevons la permanence comme un
état, ou comme une limite, et non plus comme une
nécessité.

Remarquons d'ailleurs que le déterminisme s'obs-
curcit à mesure qu'il se resserre. Déjà la mécanique a dû
substituer à l'intuition mathématique un rapport de
simple causalité phénoménale, irréductible à cette intuition. La physique a compliqué ce rapport en y introduisant une notion de qualité, la notion de la qualité de
l'énergie. La chimie ajoute l'idée de corps spéciaux
relativement stables dans la nature. Le progrès se fait
de l'homogène à l'hétérogène, par conséquent de l'intelligible à l'obscur.

D'autre part, chacun admet que le déterminisme
physico-chimique peut agir sur le déterminisme mécanique, sans que pourtant le premier puisse être ramené
au second. Rien donc n'empêche *a priori* que le déterminisme physico-chimique à son tour n'admette l'intervention de quelque déterminisme supérieur, comme
serait, par exemple, le déterminisme biologique, s'il arri-
vait qu'on ne pût le réduire au déterminisme physico-
chimique.

Dans la prochaine leçon nous nous occuperons des
lois biologiques.

# VIII

M. Beaunis, dans ses *Nouveaux Eléments de Physiologie humaine*, ramène les lois biologiques à deux
principes : premièrement, la corrélation des mouvements physiques et des mouvements vitaux ; deuxiè-
mement, l'évolution des êtres vivants. Conformément à
cette division, nous allons aujourd'hui étudier les
rapports de la physiologie avec la physique ; et, dans la
prochaine leçon, nous nous occuperons des rapports
des espèces entre elles et de l'évolution.

Les lois générales de la vie se ramènent-elles aux
lois physico-chimiques ? Examinons d'abord la question au point de vue historique.

Descartes a professé que toute science, celle de la vie
comme celle de la matière, devait se ramener à la
mécanique ; il a lui-même fait en physiologie des
tentatives dans ce sens. Mais la science moderne n'est
pas partie immédiatement de cette vue synthétique. On
peut, selon M. Gley (1), faire dater du médecin anglais
Glisson les origines de la physiologie moderne. Glisson
fonde cette science sur la notion d'irritabilité, laquelle,
pour lui, ne se ramène pas au mécanisme, mais est
une propriété spéciale, propre aux êtres vivants ; elle
est une forme inférieure des facultés mêmes qui cons-

(1) Dictionnaire encyclopédique des sciences médicales, article *Irritabi
lité.*

tituent l'esprit humain : appétition et perception. Dans une seconde période, qui comprend Haller et Bichat, les phénomènes vitaux sont bien distingués des phénomènes physiques ; mais on se propose moins de chercher s'ils ont un fondement spécial que de les analyser et de les répartir en catégories. Cette période analytique présente une grande analogie avec la période psychologique dont Jouffroy est le principal représentant. Une troisième période commence avec Broussais, et compte comme principal représentant Claude Bernard. On s'élève des phénomènes à leurs principes ; on remonte des facultés vitales à l'irritabilité, mais en bannissant l'idée de pouvoirs mystérieux, et en essayant de ramener cette irritabilité même au mécanisme, suivant le principe cartésien. On introduit ainsi dans la physiologie un déterminisme rigoureux. Pour examiner en quoi consiste essentiellement cette réduction, nous allons nous appuyer sur les *Eléments de Physiologie* de M. Beaunis et sur le remarquable article du D' Gley, dont nous avons parlé plus haut.

La science actuelle enseigne que dans l'être vivant : 1° il n'y a pas de spontanéité, 2° la réaction est égale à l'action. L'élément commun de tous les tissus est le protoplasma, lequel n'entre en mouvement que sous l'influence de tel ou tel excitant mécanique, physique ou chimique : ce qui est vrai de l'élément doit être vrai des composés. De plus, chez les êtres vivants, comme dans le monde inorganique, il y a égalité entre l'action et la réaction. C'est ce dont on se rend compte de mieux en mieux en mesurant avec une précision croissante, chez les êtres vivants, la quantité des matériaux fournis et la quantité de travail et de chaleur dépensés. La loi de l'équivalent mécanique de la chaleur s'applique aux êtres vivants. Et s'ils semblent dépenser plus de force qu'ils n'en reçoivent, c'est qu'ils ont en réserve des forces de tension qui sont brusquement mises en liberté sous l'influence de l'excitant. Ils sont proprement des machines capables d'emmagasiner la force. Il est vrai que chaque genre de tissu paraît avoir une irritabilité spéciale ; mais cette différence résulte de la complication des tissus et du mode d'arrangement divers de leurs cellules. La raison dernière de l'irritabilité est dans la nature des substances dont se compose le protoplasma, lesquelles comportent une grande diversité de combinaisons. Tel le carbone, qui est tétravalent. L'instabilité de la substance protoplasmique, voilà la condition essentielle de l'irritabilité. Et le progrès de l'organisation n'est que l'accroissement de cette instabilité même. Il semble ainsi que la réduction de la physiologie à la physico-chimie soit, sinon accomplie dans le détail, du moins certaine en principe et assurée pour l'avenir.

Cependant, si, en regard de cette induction, on place le langage habituel des physiologistes mêmes qui travaillent à la justifier, il semble que les résultats ne répondent pas encore aux intentions. Claude Bernard écrit : « Il est clair que cette propriété évolutive de l'œuf, qui produira un mammifère, un oiseau ou un poisson, n'est ni de la physique ni de la chimie (1). » M. Beaunis dit : « La forme extérieure des êtres vivants offre toujours une certaine constance. Chaque organisme est construit sur un type morphologique dont il ne peut s'écarter que dans des limites restreintes dans le cours de son existence » (2). Et M. Gley : « En même

---

(1) Claude Bernard, *La science expérimentale*, p. 210 ; Gley, art. *Irritabilité*, 187.
(2) Beaunis, *Traité de Physiologie*, 2ᵉ éd., 17.

temps que l'être ou le tissu, sous l'influence d'une excitation provenant du milieu ambiant, réagit, il approprie ses éléments à cette réaction, car il faut, sous peine de déchéance et peut-être de mort, qu'il adapte sa nature physique et sa constitution chimique à ce changement dans les conditions d'existence » (1). Ces paroles ne semblent-elles pas dire que l'élément vivant tend à subsister dans son individualité, et emploie les moyens appropriés à la réalisation de cette fin ? Cependant, il se peut que ces savants continuent simplement à employer le langage reçu, de même que l'astronome continue à parler du mouvement du soleil autour de la terre, du lever ou du coucher de cet astre. Considérons donc les choses en elles-mêmes.

On ne peut douter que, pour Claude Bernard, la vie ne soit bien réellement une « idée directrice » distincte du mécanisme. Cette théorie joue chez lui un rôle trop important pour qu'on n'y voie qu'une métaphore et une façon de parler. Claude Bernard attribue en propre aux vivants les caractères suivants : organisation, génération, évolution, nutrition, caducité, maladie et mort. Et il juge ces phénomènes inexplicables sans la vie. « La force vitale, dit-il, dirige des phénomènes qu'elle ne produit pas ; les agents physiques produisent des phénomènes qu'ils ne dirigent pas (2). » M. Marey écrit : « Pour ma part, je ne connais pas les phénomènes vitaux ; je ne constate que deux sortes de manifestations de la vie : celles qui sont intelligibles pour nous ; elles sont toutes d'ordre physique ou chi-

---

(1) Gley, art. *Irritabilité* (Dict. enc. d. sc. méd.), 489.
(2) Claude Bernard, *Leçon sur les phénomènes de la vie*, t, 51. Cité par Dunan, *Revue philosophique*, 1892.

mique, et celles qui ne sont pas intelligibles » (1). L¡
mécanisme présente donc des lacunes; certains aspect¡
de l'être vivant apparaissent, dans l'état actuel de la
science, comme inintelligibles, c'est-à-dire irréductibles
aux forces physico-chimiques. Qu'est-ce qui se dérobe
ainsi à l'explication mécanique? Il semble bien que ce
soit un principe de finalité inhérent, malgré tout, au
phénomène vital le plus élémentaire. L'être vivant se
réduit au protoplasma, dont la fonction est de réagir
sous l'influence des actions extérieures ; en lui la spontanéité est nulle ; la réaction est égale à l'action.
Mais, peut-on dire, cette réaction n'est pas quelconque ;
elle est incomplètement caractérisée, quand elle est
définie du seul point de vue de la quantité, car elle
possède cette propriété inattendue de favoriser, en
même temps que la conservation, le développement et
la propagation de l'individu même qui réagit. L'exer-
cice de l'irritabilité se traduit par des pertes; or la
matière organique réagit précisément de manière à
réparer ces pertes ; elle réagit, en outre, de manière à
s'adapter au milieu, à se rendre la vie possible dans les
conditions où elle se trouve placée. Enfin elle assure
par la reproduction la perpétuité de la forme qu'elle
représente. La vie, on l'a dit, est essentiellement un
« cercle vicieux ». L'organe rend possible la fonction,
et la fonction est la condition de l'organe; la contraction musculaire active la circulation du sang, et la
circulation du sang entretient la contraction musculaire. Dans tous les grands phénomènes physiologiques se retrouve le cercle vicieux. Il y a donc, semble-t-il, dans l'être vivant une finalité interne. L'être

(1) Marey, *Du mouvement dans les fonctions de la vie*, 3ᵉ leçon; — Gley,
Art. *Irritabilité*, 486.

vivant, considéré comme individu, se sert de ce qui
l'entoure pour assurer sa propre subsistance. L'action
réflexe qui le caractérise a deux faces : l'une, qui
regarde la physique et la chimie; l'autre, qui n'a pas
d'analogue dans les objets de ces sciences.

Un phénomène met en saillie cette différence, c'est
la mort. Elle ne peut s'expliquer dans le mécanisme :
c'est pourquoi Descartes rêvait un développement in-
défini de la vie humaine; et les mécanistes, en général, ne voient aucune impossibilité radicale à ce que,
la réparation compensant toujours exactement l'u-
sure, l'être vivant soit immortel. M. Sabatier, professeur à la Faculté des sciences de Montpellier (1),
estime que la mort est liée à l'emploi que l'être vivant
fait des cellules qui le composent. L'être vivant n'avait,
au début, d'autre fonction que celle de durer. Il était
alors fort peu différencié. Pour rendre possibles des
facultés supérieures, les cellules se sont différenciées
et ont acquis des structures compliquées. La perte de
leur immortalité potentielle a été la conséquence de ce
progrès. Et, aujourd'hui, seules les cellules reproduc-
trices, relativement simples, conservent une immortalité relative, laquelle se réalise soit immédiatement, dans la scissiparité, le bourgeonnement, soit
indirectement par voie de rajeunissement plasmo-
caryogamique. La cause de la mort est double. Il y a
une cause interne, à savoir l'aspiration à s'élever, à
dépasser la vie pure et simple, pour atteindre à la
connaissance et au sentiment : c'est pour satisfaire
cette tendance que s'est produite la différenciation des
tissus, origine de leur mortalité. Il y a en outre une

(1) *Essai sur la vie et la mort*, 1892.

cause externe : ce sont les sollicitations extérieures, sous l'influence desquelles se réalise la tendance. Le récit biblique de l'homme perdant l'immortalité le jour où il goûte au fruit de l'arbre de la science, est, pour M. Sabatier, un symbole exact de la cause de la mort. A ce compte, lorsque Pascal proclamait que l'homme est plus grand que la nature parce qu'il sait qu'il meurt, il exposait une vue, non seulement méta-physique et morale, mais aussi scientifique. Les meil-leurs hommes d'une nation, disait Renan, sont ceux qu'elle crucifie. Le martyre est la rançon de la supé-riorité. La mort est donc le témoin de l'effort que fait le vivant pour s'élever au-dessus du milieu où il a pris naissance. C'est la défaite qui marque sa grandeur. Toutes ces considérations sont en partie poétiques et religieuses. Pourtant les savants s'y trouvent amenés comme les autres hommes. Quel est donc le rapport des facultés vitales avec les propriétés physico-chimiques ?

La physiologie peut-elle se constituer, comme la chimie, en écartant purement et simplement tout ce qui ne paraît pas susceptible de déterminations rigou-reusement scientifiques? Le chimiste ne nie pas qu'il n'existe des qualités sensibles ; mais il les renvoie, soit à la physiologie, soit à la métaphysique : il trouve un objet de science qui se suffit dans les relations de com-position des molécules. De même, dira-t-on, on distin-gue, dans l'étude des êtres vivants, d'une part des phénomènes physico-chimiques, d'autre part un je ne sais quoi qui ressemble à la finalité : ce dernier élément est renvoyé à la psychologie ou à la métaphysique ou même à l'inconnaissable ; et la physiologie se constitue en ne considérant que les phénomènes physico-chimi-ques.

Mais cette séparation, qui était possible en chimie, l'est-elle encore en physiologie? Il semble bien que cette adaptation victorieuse aux conditions d'existence, ce choix de moyens propres à assurer la persistance de l'individu, cette tendance à s'agrandir et à s'élever, que nous avons notés, fassent ici corps avec l'objet de la science. L'un des êtres les plus simples que l'on puisse considérer, l'amibe, substance homogène quasi diffluente, possède déjà ces propriétés d'une manière frappante. Si l'on plonge une amibe dans une infusion, quand elle y rencontre un corps étranger qui peut servir à sa nutrition, par exemple une particule végétale, on voit les prolongements de l'amibe s'étendre peu à peu autour du grain, et finir, en se soudant, par l'entourer complètement, de telle sorte qu'il se trouve engagé dans la masse même de l'amibe. Puis un temps s'écoule, pendant lequel la digestion s'opère. Et alors la partie inutile du corps étranger est expulsée par un processus inverse du processus d'introduction. Ce n'est pas là une simple combinaison chimique. Et l'amibe est un organisme très élémentaire. Il ne nous est pas donné de voir les propriétés physico-chimiques devenir, par simple particularisation, propriétés vitales.

Tel est l'état actuel des choses ; mais peut-être semblera-t-il vraisemblable que l'avenir doive réaliser cette exacte réduction qui n'est encore qu'un idéal. M. Sabatier, dans le livre signalé plus haut, fait un effort énergique pour rapprocher, l'une de l'autre, la substance vivante et les substances inorganiques. Selon lui, la propriété essentielle du protoplasma, grâce à laquelle il se répare et communique la vie, ne serait en définitive qu'un pouvoir d'amorce. Or la matière inorganique nous offre

des exemples de pouvoirs analogues. Tel est le phénomène de la surfusion. Le phosphore fond à 40°; on peut
abaisser graduellement sa température au - dessous
de 40°, sans qu'il cesse d'être liquide ; mais, si l'on y
projette alors un fragment de phosphore solide, immédiatement toute la masse se solidifie. Un fait analogue
se retrouve dans les oscillations synchrones. Si l'on
fait vibrer telle corde d'un violon et si un autre violon
se trouve à proximité du premier, la corde correspondante du second instrument vibre à l'unisson. De
même l'explosion d'une cartouche de dynamite provoque l'explosion d'autres cartouches situées dans le
voisinage. Mais ce ne sont là que des rapprochements,
puisqu'il faut toujours que la matière vivante soit
donnée. Et, d'une manière générale, on ne saurait
confondre l'intercalation d'intermédiaires avec une
démonstration d'identité ou de causalité. Ce n'est
point cesser de monter que monter à plus petits pas.

En réalité, il n'existe qu'une seule démonstration
possible de cette réduction : c'est la production artificielle de l'organique avec de la matière inorganique
et des forces physico-chimiques ; mais on est encore
bien loin d'un pareil résultat. M. Pasteur déclare très
énergiquement que le vivant ne naît jamais que du
vivant. Cela, sans doute, est relatif à l'état actuel des
choses. Mais il faut considérer qu'en soi, la démonstration en question est fort difficile à réaliser. Car il
faut être bien sûr que les matériaux, d'où l'on pense
voir sortir la vie, sont véritablement inorganiques. Si
la matière, dit M. Sabatier, produit la vie, c'est qu'elle
n'est pas purement matière. La vie est partout, estime-
t-il, dans la matière dite inanimée, comme dans la
matière vivante.

Toutefois, au point de vue philosophique, peut-on s'en tenir à ces assertions? L'esprit poursuit la réduction de tout ce qui apparaît comme nouveau et hétérogène. Or la finalité est hétérogène au mécanisme. Si indispensable qu'il semble, le point de vue de la finalité ne serait-il pas relatif à notre constitution intellectuelle? C'était l'opinion de Kant. Elle est, certes, plausible. Remarquons toutefois, et cela avec Kant lui-même, que l'extension du mécanisme à tout ce qui est ne s'impose pas philosophiquement. Comment cette extension se produit-elle? Nous remarquons l'extrême fécondité du mécanisme, lequel, de proche en proche, explique les phénomènes pour lesquels on supposait des qualités occultes; et nous sommes portés à croire qu'avec le temps tout apparaîtra comme mécanique. Mais, en admettant que tout doive un jour se ramener à l'unité, qui nous prouve que la science totale ne sera qu'une extension de la science mécanique, et non pas une science supérieure, où le mécanisme lui-même rentrerait comme une espèce dans un genre? Au fond, on suppose que tout est dans tout, qu'un phénomène donné contient toutes les lois de la nature, et qu'ainsi, s'il existe une science dont la forme est parfaite, cette science doit être grosse de toutes les autres. La mécanique, ou science du mouvement, possède cette forme relativement parfaite. C'est donc elle, espère-t-on, qui parviendra à tout expliquer. Mais notre mécanique n'est pas, comme on le croit, pleinement intelligible; en effet, outre la mécanique rationnelle, il faut considérer la mécanique appliquée. Or l'expérience est indispensable à cette dernière, et, comme toute expérience est limitée, les résultats qu'on y obtient ne sont que des approximations

En dernière analyse, notre raison de croire au mécanisme universel, c'est, ainsi que l'a vu Descartes, notre confiance dans la vérité des idées claires et dans leur rapport à la réalité. Nous prétendons que notre intelligence, dans son usage suprême, soit la mesure des choses ; et en outre nous considérons que, si tout est mouvement, comme nous pouvons produire le mouvement, nous avons pouvoir sur tout. Mais Descartes a bien vu aussi que, pour nous persuader de la légitimité de ce point de vue, il nous faut recourir à un Dieu puissant et bienveillant, qui a adapté les choses à nos moyens de connaître et d'agir.

Et ainsi, à mesure que du phénomène nous voulons nous élever à l'être, nous sommes obligés de faire une place au sentiment : il a une part dans l'affirmation du mécanisme universel. Mais le sentiment nous fournit aussi des données contraires au mécanisme. Car, si la conscience n'atteint pas les forces physico-chimiques, déjà elle saisit la vie. Nous avons conscience de vivre. Cette conscience est purement illusoire, si le mécanisme est le vrai, parce que pour le mécanisme les éléments seuls existent et leur rapprochement n'est rien. Or la vie est la synthèse d'une très riche multiplicité. Croire sur ce point au témoignage de la conscience, c'est douter de la valeur absolue du mécanisme.

Mais, dira-t-on, comment concevoir le rapport de la vie avec les phénomènes physico-chimiques ? Ou elle rompra la chaine des mouvements, ou elle se verra reléguée dans les intermondes. On n'échappe, semble-t-il, au mécanisme cartésien, que pour aboutir au miracle ou à l'harmonie préétablie. Mais cette difficulté sur la manière de nous représenter la vie et sa relation avec

le mécanisme vient de ce que la question est mal posée.
On considère la vie et le mécanisme comme étant l'un
et l'autre des choses en soi. On cherche entre la vie et
le mécanisme une relation qui soit encore mécanique.
Mais ils n'existent séparément ni l'un ni l'autre ; ce
sont deux entités artificielles ; et le conflit qui semble
résulter de leur opposition vient de ce que notre esprit
est incapable d'embrasser la réalité dans son unité.

En résumé, les lois de la physiologie apparaissent
comme irréductibles. Le déterminisme physiologique,
considéré en lui-même, diffère du déterminisme physico-
chimique, comme celui-ci différait du déterminisme
purement mécanique. Il est plus étroit, puisqu'il règle
des phénomènes que les lois physico-chimiques laissaient indéterminés. Mais il repose sur une notion de
loi plus complexe et plus obscure, à savoir la relation
d'un fait, non seulement avec un autre fait, mais avec
un fait posé comme fin du premier. Le déterminisme,
en se resserrant, devient plus impénétrable et plus irréductible à la nécessité.

# IX

## (*Suite.*)

Nous avons vu, dans la dernière leçon, que l'acte réflexe, auquel la science contemporaine s'efforce de ramener tous les phénomènes physiologiques, est en quelque sorte un phénomène à double face : par un côté, il rentre bien dans la physico-chimie; mais, par un autre côté, qui est proprement le côté physiologique, il présente des caractères irréductibles. Chaque ordre de sciences suppose ainsi des postulats qui lui sont propres. Nous allons étudier maintenant, non plus l'être vivant pris isolément, mais les rapports des êtres vivants entre eux, c'est-à-dire les lois qui relient entre elles les formes organiques. Nous nous bornerons aujourd'hui à faire un exposé historique des principales phases par lesquelles a passé la zoologie, en dégageant les idées philosophiques qui ont présidé à son développement.

Le fondateur de l'histoire naturelle est Aristote ; et sa conception scientifique se rattache aux principes généraux de sa philosophie. D'une manière générale, il s'agit pour lui de rechercher les causes premières de l'ordre du monde. Or le monde, selon la doctrine aristotélicienne, est formé de deux éléments : une matière dont la nature propre est la mobilité sans loi, et un principe qui fixe et ordonne cette matière ins-

table et capricieuse. Comme les espèces présentent une
stabilité et une harmonie frappantes, elles doivent
dépendre de principes supérieurs à la matière. Ces
principes sont des entités métaphysiques, des types
immuables, des formes parfaites agissant sur la matière
comme causes finales, comme modèles à réaliser dans
la mesure que comporte la nature des éléments.

De ce principe résulte la gradation des êtres vivants.
Il n'y a pas précisément entre eux unité de composition et simple différence de degré : ils s'étagent les uns
au-dessus des autres, de telle sorte que les supérieurs
possèdent plus de qualités ou de perfection que les inférieurs. Le plus suppose le moins, mais en y ajoutant.
Ainsi les vivants inférieurs n'ont que la nutrivité ; les
animaux ont la nutrivité et la sensibilité; l'homme, la
nutrivité, la sensibilité et l'intelligence. Mais, en même
temps, la nature, grâce à la matière continue dont elle
dispose, multiplie les intermédiaires entre ces formes,
et va des unes aux autres par des transitions à peine
sensibles.

Les espèces sont-elles fixes ? Pas absolument. Les
types idéaux, en effet, ne sont ni ne peuvent être exactement réalisés par la matière; ils représentent des modèles autour desquels la nature gravite, qu'elle tend à
reproduire, mais qu'elle ne réalise jamais qu'imparfaitement. Donc la fixité de l'espèce est une immobilité
tout idéale, permettant, appelant même une variabilité
réelle et en un sens indéfinie, en même temps qu'elle
s'oppose à ce qu'aucun être franchisse d'une manière
durable les bornes de l'espèce à laquelle il appartient.

Dans cette doctrine, les cas tératologiques eux-mêmes
trouvent leur explication dans les causes naturelles. Ce
sont des dissemblances extrêmes résultant de l'excès ou

du défaut. Ils tiennent au dualisme de la fin et des conditions, et à la mobilité capricieuse de la matière. Jamais celle-ci ne réalise entièrement la forme. Parfois elle s'en écarte d'une façon considérable.

Si telle fut la doctrine d'Aristote, cela tient-il à ce qu'il n'avait pas l'idée d'une explication mécanique en zoologie ? Pour se convaincre qu'il n'en est rien, il suffit de noter un texte de la *Physique* : « Ὅπου μὲν οὖν ἅπαντα συνέβη, ὥσπερ κἂν εἰ ἕνεκά του ἐγίνετο, ταῦτα μὲν ἐσώθη, ἀπὸ τοῦ αὐτομάτου συστάντα ἐπιτηδείως· ὅσα δὲ μὴ οὕτως, ἀπώλετο καὶ ἀπόλλυται, καθάπερ Ἐμπεδοκλῆς λέγει τὰ βουγενῆ ἀνδρόπρωρα » (1). C'est l'idée de la sélection naturelle dans toute sa précision. Si Aristote la repousse, c'est que, dans la nature, selon lui, l'ordre est la règle, non l'exception, et que le hasard peut bien rendre compte de quelques cas isolés de convenance et d'harmonie, mais non d'un ordre général et constant.

Ainsi les lois zoologiques, chez Aristote, eurent un caractère essentiellement téléologique.

Avec Descartes, la science, dans son ensemble, prend un tout autre caractère. Le point de vue logique est substitué au point de vue métaphysique. Descartes ne cherche plus dans des fins esthétiques et morales l'explication de la nature des choses. Car, estime-t-il, ce n'est pas de ce côté que se trouve l'explication scientifique. Dieu est infini et nous dépasse infiniment ; ses voies sont insondables : il serait donc téméraire et inutile de vouloir les pénétrer. Ce qui est possible et fructueux, c'est d'expliquer les phénomènes par les essences qui y

---

(1) Aristote, *Phys.* VIII, 198 *b* 30.

sont immanentes, c'est de rendre compte de la nature par des principes exclusivement naturels. Dès lors la nature apparaît comme un système, comme un édifice dont l'unité et l'explication résident dans la liaison des parties. Cette idée de la systématisation logique se détermine d'ailleurs en deux sens différents, que nous retrouvons chez les naturalistes du xviii° siècle. Il y a la méthode cartésienne, qui distingue, sépare et analyse, et la méthode leibnitienne, qui tend à rapprocher, à chercher des ressemblances ou des analogies, à établir la continuité. Soit d'une manière, soit de l'autre, la science moderne ne cherche plus, comme la science aristotélicienne, des lois de finalité, mais des lois de rapports et de coexistence. Il ne s'agit plus de l'origine métaphysique ; il ne s'agit pas encore de l'origine historique : il s'agit d'analyser l'actuel et de parvenir à le concevoir comme un système.

Si l'on considère le développement de la zoologie au xviii° siècle et dans la première moitié du xix°, on le trouve dominé par les idées que nous venons d'indiquer. L'illustre naturaliste suédois Linné prend pour point de départ la maxime de Leibnitz : *Natura non facit saltum*. Il pense que les êtres de la nature doivent former une chaîne comme nos pensées mêmes, et que chaque espèce doit être exactement intermédiaire entre deux autres. Ordonner les êtres de manière que cette condition soit remplie, tel est l'objet de la science. Une telle classification est nécessairement unique : c'est la classification naturelle. Elle représente la pensée même du Créateur. Les espèces sont d'ailleurs fixes et distinctes. On ne peut les classer exactement sans les définir avec précision. Il faut, dans cette vue, prendre en considération tous les caractères que peuvent présenter les animaux : caractères extérieurs, structure anatomique, facultés, genre de vie, et, de ces éléments, former les types irréductibles réalisés par la nature.

Le principe de Linné provoquait des recherches nettement déterminées. Le progrès même de ces recherches vint les mettre en péril. Le nombre des espèces augmenta d'une manière inattendue, et les descripteurs s'accusèrent les uns les autres de fantaisie. Il fallut trouver pour l'espèce une définition qui ne prêtât pas à l'arbitraire. On en revint à celle d'Aristote : l'inter-fécondité, fait brut plutôt que notion intelligible.

Cependant de nombreux philosophes, soit rationalistes, soit empiristes, s'élevaient contre la prétention de ramener l'infinie variété de la nature aux séparations et oppositions de nos idées claires ; les embarras mêmes qu'éprouvèrent les classificateurs provoquèrent des recherches conçues dans un sens contraire à celui de Linné.

Pour Buffon, il n'y a pas d'espèces dans la nature : seuls les individus existent. Son mot d'ordre est : « Guerre aux systèmes », c'est-à-dire aux classifications, dans lesquelles l'esprit croit pouvoir enserrer la nature. Les vues de Buffon, à cet égard, sont surtout négatives. C'est Etienne Geoffroy Saint-Hilaire qui, combinant l'idée de continuité et l'idée d'ordre, substitue à la classification une philosophie fondée essentiellement sur l'examen des ressemblances. L'idée qui domine ses théories est l'unité du plan de composition de tous les êtres organisés. La nature, selon lui, a formé tous les êtres vivants sur un plan unique, essentiellement le même dans son principe, mais varié de mille manières dans ses parties accessoires. Ici encore, il s'agit, non de lois de descendance, mais de lois de coexistence ;

ce qu'on cherche, ce n'est pas la cause qui produit les
êtres, mais bien les rapports de ressemblance qui les relient les uns aux autres. Les principales lois qu'énonce
Geoffroy Saint-Hilaire se rattachent plus ou moins
étroitement au principe de l'unité du plan de composition, ainsi entendu. Ce sont : 1° la loi du balancement
des organes : les animaux ne diffèrent entre eux que
par le degré de développement de leurs parties ; lorsque
certaines parties reçoivent un grand développement,
d'autres, par compensation, deviennent rudimentaires ;
2° le principe des organes analogues : à travers des changements considérables de forme et de fonction, des organes peuvent demeurer analogues, lorsque demeurent
et leur position et leurs rapports aux autres organes ;
3° le principe des connexions : quelles que soient leurs
variations de volume et la diversité de leurs fonctions,
les parties conservent toujours les mêmes positions
relatives. Un organe est plutôt altéré, atrophié, anéanti
que transposé. Par ce principe, Geoffroy donnait décidément à la morphologie le pas sur la physiologie. Il
faisait résulter la différence des fonctions et des formes
des conditions dans lesquelles l'animal se trouvait placé.
Enfin Geoffroy ramène aux lois générales les mons-
truosités, montrant qu'elles tiennent à des causes physiques assignables, et constitue ainsi la tératologie
comme science.

A Geoffroy Saint-Hilaire s'oppose Cuvier. Le premier
partait de l'idée de continuité ; le second déclare ne
connaître que les faits et tient pour la discontinuité. Il
cherche dans l'anatomie la base de la classification naturelle, et pose le principe des caractères dominateurs.
D'après ces idées directrices, il repousse la doctrine de
l'unité de plan et admet quatre plans fondamentaux :

celui des vertébrés, celui des mollusques, celui des arti-
culés et celui des rayonnés. Il place dans l'inter-fécondité
le signe de l'espèce. Mais il ne se borne pas à chercher
une méthode de classification. Déjà son principe de la
subordination des caractères va plus loin que la simple
description. Lui aussi cherche des lois de solidarité et
de rapports. Tel est son principe de la corrélation des
formes, en vertu duquel : 1° aucune partie ne peut changer sans que les autres changent aussi ; 2° étant donné
la forme d'un organe, il est possible de calculer celle
des autres. Tel est encore son prin cipe des conditions
d'existence, en vertu duquel chaque animal possède
exactement ce qu'il lui faut pour assurer son existence
dans les conditions où il est placé.

Jusqu'ici nous avons vu la nature considérée
comme système. Cependant du sein même de la philosophie cartésiano-baconienne s'étaient élevées des doctrines tendant à voir, non plus dans l'ordre immuable,
mais dans l'histoire et la genèse des êtres, l'objet suprême des sciences de la nature. Déjà Kant, dans son
*Histoire naturelle du Ciel*, déduit la genèse du monde.
Schelling et Hégel glorifient, aux yeux du philosophe,
la recherche du développement historique, en posant
l'identité de l'ordre logique et de l'ordre historique. En
France, Condillac présente son système de transformation comme historique aussi bien que logique. On
en vient à attribuer au passé non plus seulement une
influence, mais une véritable causalité à l'égard du présent. De là, la doctrine du progrès, brillamment soutenue par Condorcet, dans son *Esquisse d'un tableau historique des progrès de l'esprit humain*. De là l'idée de
lois historiques proprement dites, reliant, d'une manière
nécessaire, non plus les éléments simples des choses,

mais les phases qu'elles présentent dans le temps. Ces idées se firent jour en zoologie, d'autant qu'elles étaient favorisées par les résultats mêmes de la philosophie a donnée à l'explication du système de la nature. Les uns, attachés à l'idée de continuité, sont enclins à conclure de l'identité de type à l'identité d'origine. D'autre part, les partisans du discontinu sont en même temps les classificateurs. Ils admettent donc que les espèces ne sont pas complètement séparées, mais se rapprochent par certains de leurs caractères. L'idéal de la classification est la réduction du divers à un seul principe. Mais, si les êtres se prêtent à une telle répartition, ne serait-ce pas qu'ils ont une origine commune, et se sont peu à peu diversifiés, comme un arbre, dont le tronc se divise en branches plus ou moins distantes les unes des autres ?

Déjà Buffon construit l'histoire de la terre. De plus, en comparant entre elles les faunes de différents pays, il émet l'hypothèse de la réduction de nombreuses espèces à un petit nombre de souches principales dont toutes les autres seraient issues. Mais c'est chez Lamarck que cette idée d'une explication génétique de la variété des êtres est pour la première fois nettement conçue dans sa généralité et ses moyens de réalisation.

Lamarck est parti de l'étude des organismes inférieurs. Là se trouve l'origine de sa philosophie. Il conçoit les formes supérieures comme nées de ces formes inférieures, et il cherche l'explication de ces transformations dans l'action du milieu. Le milieu sollicite l'être vivant et celui-ci s'adapte au milieu. Comme intermédiaires entre la cause et l'effet, Lamarck invoque le besoin et l'habitude. La sollicitation fait naître un besoin, le besoin détermine une habitude, et l'habitude crée l'organe. Les modifications se perpétuent par l'hérédité, et ainsi s'explique l'actuelle diversité des espèces. Les changements survenus dans le milieu en sont la cause première.

Darwin suit une marche inverse. Il part du fait actuel de la discontinuité des espèces, et se propose de rendre compte de cette discontinuité par des causes mécaniques. Contrairement à Lamarck, il pose en principe que toute espèce est, par elle-même, plastique. C'est, en effet, un trait de l'hérédité, que les enfants ne sont jamais exactement semblables aux parents. D'autre part, la disproportion de la propagation et de la quantité des subsistances engendre la concurrence vitale. Celle-ci à son tour engendre une sélection naturelle qui, grâce à l'hérédité, agit, avec le temps, comme notre sélection artificielle. Ainsi Lamarck explique la variabilité par l'adaptation, tandis que Darwin explique l'adaptation par la variabilité ; mais tous deux obéissent à la même préoccupation : expliquer la genèse des êtres et l'expliquer mécaniquement.

Le système de Lamarck passa d'abord inaperçu. Celui de Darwin eut vite un succès immense ; mais on ne tarda pas à s'apercevoir qu'il présentait des lacunes. Il ne remonte pas jusqu'aux causes des variations sur lesquelles s'exerce la sélection. Il n'explique pas pourquoi des organismes qui se trouvaient côte à côte se sont développés en des sens divers au lieu de suivre la même voie. Ces lacunes, la science contemporaine essaie de les combler. C'est ainsi que M. Espinas, dans les *Sociétés animales*, et M. Edmond Perrier, dans les *Colonies animales* et dans son *Traité de Zoologie*, cherchent à remonter à l'origine même de la formation des organismes et des caractères, que la sélection pourra accentuer ou effacer. De plus, on cherche à trouver la loi même de la succession ou évolution des formes. C'est en ce sens que Hæckel a mis en avant le principe du parallélisme du développement ontogénique et du développement phylogénique, principe que l'on est disposé à reconnaître comme vrai, au moins en théorie, c'est-à-dire en prenant pour base le développement embryogénique normal.

En résumé, tandis qu'Aristote cherchait des lois de *finalité*, Linné, Geoffroy Saint-Hilaire et Cuvier des lois de *coexistence*, la doctrine moderne de l'évolution poursuit des lois de *causalité*; elle prétend atteindre à l'origine et non pas seulement aux rapports de solidarité, et cela en dehors de toute considération métaphysique. L'origine est pour elle la génération dans le temps. Ses arguments sont : 1° la réfutation de la doctrine des créations séparées, comme liée à la finalité et comme impuissante à dresser définitivement la liste des espèces; 2° des inductions fondées sur la paléontologie, l'anatomie et l'embryogénie comparées; 3° la reconstruction effective de parties plus ou moins considérables de l'arbre généalogique. L'école adverse, pourtant, ne se tient pas pour battue. Elle se réclame des faits. Elle allègue : 1° que ce sont les évolutionnistes qui introduisent la métaphysique dans la science; 2° que scientifiquement le système n'est qu'une hypothèse; 3° que, en fait, les intermédiaires que l'on cherche manquent dans une foule de cas; 4° que la seule preuve expérimentale qui serait convaincante, l'interfécondité convertie en inter-stérilité ou réciproquement, fait complètement défaut.

Nous nous demanderons la prochaine fois quelle est la signification philosophique de ce débat.

# X

*(Suite et fin.)*

La dernière leçon a été consacrée à l'examen des différentes phases par lesquelles a passé la philosophie zoologique. Dans l'antiquité, le point de vue métaphysique domine; les espèces sont rattachées au principe qui, pour la pensée, rend raison de leur existence, et ce principe est le type, comme cause finale. Les illustres savants du xviii° et du commencement du xix° siècle renoncent à la recherche des premiers principes, et se proposent surtout, dans leurs *systèmes de la nature*, de présenter le tableau des relations logiques qui relient les espèces entre elles. De nos jours, les disciples de Lamarck et de Darwin reprennent la question d'origine, mais cela au point de vue historique et non plus métaphysique, et cherchent à dresser l'arbre généalogique des espèces. Quelle est la signification philosophique du débat relatif aux espèces ?

Il faut se garder de confondre ici le problème scientifique et le problème philosophique. Les espèces ont-elles une commune origine et descendent-elles l'une de l'autre par voie de génération? La question, ainsi posée, est exclusivement scientifique. Qu'on ne dise pas que les questions d'origine ressortissent à la métaphysique, non à la science. Cela est vrai de l'origine absolue de l'être,

non de l'origine chronologique du phénomène, et c'est
de cette dernière qu'il est ici question. Le problème,
sans doute, peut être pratiquement insoluble. Mais cela
tient à l'insuffisance des données, non à la nature de la
question. Toutes les fois qu'il s'agit de faits qui ont pu
ou qui auraient pu être observés, c'est affaire au savant
de travailler à les découvrir. Donc c'est à la science
seule qu'il appartient de résoudre, dans la mesure où il
peut l'être, le problème de l'évolution ou de la séparation
primitive des espèces. La philosophie n'a pas à intervenir
dans la solution de cette question ; mais son rôle est
d'examiner quelle est la nature des lois que l'on considère comme présidant soit à la transformation, soit à la
permanence des espèces, et de rechercher si ces lois
éliminent toute idée métaphysique, ou si elles impliquent, plus ou moins enveloppé, quelque élément irréductible au mécanisme expérimental.

Certaines opinions courantes, touchant cette question, ressemblent fort à des préjugés. En effet, on dit
souvent qu'admettre la fixité des espèces, c'est, du
même coup, faire appel, pour expliquer la nature, à
l'action surnaturelle d'une providence, personnifica-
tion transcendante de la finalité. En revanche, on
déclare souvent que tenir pour la variabilité, c'est
répudier par là même toute doctrine de finalité, s'en
tenir à la causalité proprement dite, et se conformer
au véritable esprit scientifique. Mais il ne semble pas
du tout nécessaire que la doctrine de la fixité implique
la croyance à la Providence, ni que le transformisme
supprime tout principe de finalité. On pourrait même
trouver que ces interprétations ont quelque chose
d'inattendu. D'une manière générale, n'est-ce pas l'immutabilité qu'on invoque pour montrer que les choses

se suffisent et n'ont pas besoin de Dieu ? *Eadem sunt omnia semper* : telle était la devise de Lucrèce, soutenant que les dieux ne s'occupent pas du monde. A ceux qui demandent : Qui a fait les choses ? on répond : Elles n'ont pas été faites, puisque dans leur fond elles ne changent pas et sont éternelles. Newton pensait, en ce sens, que, si les lois ne souffraient aucune exception, la Providence cesserait d'être démontrée. Le système, heureusement, appelait des retouches, dont la réalisation attestait la présence de Dieu. Ainsi pense-t-on en général. Mais lorsqu'il s'agit d'histoire naturelle, tout change : la fixité devient signe de finalité, et c'est le changement qui dénote l'absence d'action providentielle.

La preuve que l'interprétation que l'on fait ici de la fixité et de la variabilité ne s'impose pas, c'est que Lamarck, l'auteur du transformisme, rattachait expressément sa doctrine à la croyance en un principe suprême d'ordre et d'harmonie. L'échelle des êtres représente, disait-il, « l'ordre qui appartient à la nature et qui résulte, ainsi que les objets que cet ordre fait exister, des moyens qu'elle a reçus de l'Auteur suprême de toute choses... Par ces moyens, dont elle continue sans altération l'usage, [la nature] a donné et donne perpétuellement l'existence à ses productions ; elles les varie et les renouvelle sans cesse, et conserve ainsi partout l'ordre entier qui en est l'effet » (1). Et ailleurs : « Ainsi, par ces sages précautions, tout se conserve dans l'ordre établi... ; les progrès acquis dans le perfectionnement de l'organisation ne se perdent point ; tout ce qui paraît désordre, anomalie, rentre

_____

(1) Lamarck, *Philosophie zoologique*, t. I, p. 113, cité par Perrier, *La philosophie zoologique avant Darwin*, p. 89.

sans cesse dans l'ordre général et même y concourt ;
et partout et toujours la volonté du suprême Auteur
de la nature et de tout ce qui existe est invariablement
exécutée » (1).

D'où vient donc que l'on a pris l'habitude de lier à la
thèse de la variabilité l'idée d'une causalité purement
naturelle ? Il semble qu'il y ait tout d'abord à ce préjugé
une cause assez futile. On lit dans la Genèse que les
herbes et les arbres, les animaux et les oiseaux furent
créés de telle sorte que chacun portât semence selon
son espèce. On a pris ce texte au pied de la lettre, et
on a établi une solidarité entre l'irréductibilité des
espèces et la doctrine de la création. Dès lors, tenir
pour la fixité, c'était admettre un créateur ; nier le
fixité, c'était, en convainquant d'erreur scientifique
l'auteur de la Genèse, ruiner les fondements de la
métaphysique et de la religion. Toutefois l'opinion dont
il s'agit repose aussi sur d'autres fondements. Les
Grecs plaçaient la perfection dans l'immobilité ; et s'ils
mettaient Dieu en dehors du monde, c'est parce que
le monde, selon eux, était essentiellement sujet au
mouvement. C'était donc une doctrine classique que
celle qui rapprochait le fixe et le divin, et l'on conçoit
que ce point de vue soit encore celui de beaucoup
d'esprits. Cependant les modernes ont en général
l'opinion contraire et exaltent le mouvement, la vie et
le progrès, tandis qu'ils rapprochent l'immobilité de
la stagnation et de la mort.

En somme, ni la fixité ni la variabilité, à elles seules,
ne marquent ni n'excluent la finalité. Il faut déterminer
de plus près les conditions de cette dernière, et voir si

(1) *Ibid.*, t. I, p. 101, cité par Perrier, *ibid.*, 84.

ces conditions se rencontrent, soit dans les lois que posent les partisans de la conservation, soit dans celles que posent les partisans du transformisme.

A quel signe peut-on reconnaître la finalité, et la distinguer de la simple causalité? Quand des faits passés, rigoureusement observables, suffisent à expliquer entièrement un phénomène, l'explication est causale. Quand les faits passés ne suffisent pas et qu'il faut faire appel à quelque chose qui n'a pas été réalisé, qui n'existe pas encore, qui ne sera peut-être jamais réalisé complètement ou qui ne doit l'être que dans l'avenir, qui, dès lors, apparaît seulement comme possible, l'explication est plus ou moins finaliste.

En général, la doctrine de la fixité des espèces manifeste moins de prétentions philosophiques que la doctrine adverse. Elle se réclame uniquement de l'observation et de l'expérience. Elle consiste essentiellement à affirmer que jusqu'ici nul fait de création ou de fusion des espèces n'a été constaté. Quant à l'explication de cette fixité par l'action de la Providence, elle est plutôt superposée à la doctrine qu'elle n'en fait partie intégrante. Sans doute, l'ordre et l'accord avec le milieu qui se rencontrent dans les espèces peuvent faire penser à une intelligence dirigeante; mais on peut les affirmer comme faits, sans en rechercher l'explication. On ne saurait surtout attribuer une grande valeur à l'explication que l'on présente, tant qu'on s'en tient à la considération de l'état actuel des choses sans rechercher si cet état peut être étendu indéfiniment au passé et à l'avenir. Or c'est là, à vrai dire, la situation de l'école antitransformiste. Elle s'en tient au fait actuel et ne s'occupe ni des origines ni des possibilités à venir. C'est pourquoi elle ne peut guère donner une portée

philosophique à ses doctrines qu'en en modifiant le caractère et l'esprit. Les croyances finalistes, souvent associées à l'antitransformisme, n'en font pas partie.

Au contraire, le transformisme se présente à nous comme une philosophie grosse de conséquences métaphysiques, religieuses et morales ; il se propose précisément d'expliquer sans hypothèse finaliste l'existence et l'ordre des espèces. C'est donc surtout ce système que nous avons à examiner. Nous avons vu qu'il revêt deux formes principales : le darwinisme et l'évolutionnisme. Examinons d'abord la première en date, laquelle est aussi la plus rigoureuse au point de vue scientifique, le darwinisme.

Le point de départ est la constatation de l'existence des espèces et de leur adaptation au milieu ; mais, au lieu de généraliser ce fait à l'infini, on cherche à l'expliquer, et cela historiquement, par l'action du passé sur le présent, conformément à la loi d'inertie. L'hérédité présente une succession d'êtres relativement semblables entre eux, mais comportant en général quelques légères variations. Ces variations sont considérées comme le point de départ de la diversité actuelle des espèces. Dans l'élevage, l'homme parvient, par l'art et l'intelligence, à modifier les formes animales. La nature accomplit, avec des forces aveugles, ce que l'homme doit à son habileté La concurrence vitale est dans la nature le substitut de l'intelligence. Par elle se produit mécaniquement une sélection naturelle analogue à la sélection artificielle.

Le darwinisme, sous sa forme précise, restreint certes dans une forte mesure la part de la finalité, car la concurrence vitale sur laquelle il s'appuie résulte de la disproportion du nombre des êtres et des subsistances,

disproportion qui est tout le contraire de l'harmonie et
de la convenance. Toutefois la concurrence vitale elle-
même suppose que chaque individu tend à vivre, à se
développer, et emploie les moyens convenables pour
atteindre à cette fin ; et l'hérédité, connue comme
fait, est inconnue dans son principe, et a ce caractère
remarquable d'assurer la perpétuité du type à travers
la disparition des individus. Il faut prendre garde que
la finalité peut très bien se produire en fait par des lois
très générales et constantes. Mais l'objection principale
que soulève le darwinisme, c'est qu'il présente une la-
cune. Il identifie la sélection naturelle avec la sélection
artificielle. Or cette identification n'est possible que si
les caractères accidentels utiles parviennent à un développement suffisant pour être utilisables. Au début, ils
sont à peine marqués et sans nulle consistance. Qui les
maintient et les accroît entre le moment où ils apparaissent pour la première fois et le moment où ils deviennent capables d'assurer la survivance des êtres qui
les possèdent? Tout ne se passe-t-il pas comme s'il y avait
dans les êtres un instinct qui choisit plus ou moins con-
fusément les moyens propres à assurer leur existence ?

Quoi qu'il en soit, le darwinisme reste un système prin-
cipalement scientifique. Il ne prétend pas tout expliquer
et être exempt de lacunes. L'évolutionnisme, au contraire, se présente comme un système complet, à la fois
scientifique et philosophique, où la finalité doit être, d'un
bout à l'autre, remplacée par le mécanisme. Le moyen
employé, c'est d'établir entre tous les êtres une double
relation de continuité et de causalité efficiente. C'est ce
qu'on pense obtenir en se représentant l'échelle des êtres
de la manière suivante : 1° Au bas est le protoplasma,
doué d'irritabilité. Il se modifie sous l'influence des

excitations. Il forme des colonies et des organismes.
2° Les conditions physiques et sociales dans lesquelles
s'est historiquement trouvée la matière vivante ont déterminé toutes les formes qu'elle a prises. 3° Les êtres
descendent tous, par voie de génération, du protoplasma,
et la science dressera de plus en plus complètement
cet arbre généalogique, expliquant ainsi le composé par
le simple, à la manière des sciences physiques.

Ce système étant conçu comme achevé, toute finalité
est-elle rendue illusoire ?

On a réussi, semble-t-il, à se débarrasser de la finalité
externe. Mais il existe une autre forme de finalité, la
finalité immanente, laquelle, chez Aristote déjà, n'ex-
cluait nullement, appelait au contraire un certain degré
de variabilité.

On invoque la continuité ; mais, outre que l'on ne voit
pas pourquoi la continuité, qui n'est nullement l'identité, serait exclusive des causes finales, il ne s'agit ici
que d'une continuité très grossière, qui toujours, pour
une observation plus précise, se résout en discontinuité.
En fait, on explique la discontinuité par la discontinuité :
le degré seul diffère dans les éléments et dans les composés. Mais, quand il s'agit du monde organique, une
petite différence peut être de grave conséquence.

Le signe de la causalité efficiente, ce serait d'expliquer la spécification et l'adaptation, qui paraissent
impliquer la finalité, par des principes dépourvus en
eux-mêmes de ces deux caractères. Mais l'élément est
déjà un individu, et, par l'hérédité, reproduit son individualité. Il a de plus en lui une force évolutive, grâce à
laquelle il s'adapte de mieux en mieux aux conditions
dans lesquelles il doit vivre. En sorte que les caractères
que l'on se propose d'expliquer sont présupposés dans

les éléments mêmes que l'on prend pour donnés. La différence n'est que mesure. En réalité, on se donne la faculté de la spécification et de l'adaptation, et l'on montre comment, sous l'influence des circonstances, cette faculté passe à l'acte et réalise les espèces que nous avons sous les yeux. La finalité plane sur tout le système.

Les lois zoologiques ne sont donc pas actuellement ramenées aux lois physico-chimiques. Elles établissent un lien étroit entre le présent et le passé, lien que Descartes avait refusé de reconnaître, et ainsi elles sont pour la science un précieux enrichissement ; mais il reste qu'elles sont d'une autre nature que les lois dont nous nous sommes occupés jusqu'ici. En effet, elles règlent l'ordre des choses dans le temps. Les lois physiques ne règlent que les relations de cause à effet, l'un des deux termes étant supposé donné. L'évolutionnisme transporte à la succession des êtres dans le temps la notion de causalité physique, qui, en elle-même, ne se rapporte qu'à un couple de phénomènes se produisant dans un temps quelconque. Il introduit l'idée de loi historique. La nature, selon ce système, est comparable à un homme qui acquiert de l'expérience et marche à son but de plus en plus directement. Grâce à ce nouveau type de loi, nous pouvons concevoir comme déterminées des relations que les sciences purement statiques laissaient indéterminées. Mais nous nous éloignons de plus en plus du type de la nécessité. Selon l'idée de nécessité, en effet, les natures des choses sont immuables, et les lois sont les rapports qui en résultent. Ici les natures des choses sont variables, et les lois unissent entre elles des termes toujours modifiés. Il y a plus : elles relient le moins parfait au plus parfait. Ce sont des lois de pro-

grès. Est-ce encore la nécessité et rien d'autre qui
supporte ces lois d'un aspect nouveau ? La science ne
dit ni oui ni non, puisqu'en réalité elle ne ramène nullement les lois biologiques aux lois mécaniques. Nous
sommes ici livrés aux intuitions de notre esprit. Si nous
croyons que le mot progrès n'a véritablement qu'un
sens relatif, et qu'au fond tout se vaut, nous croirons que
la matière doit avoir produit la vie, laquelle, dans ce
cas, n'est qu'un mot. Si nous croyons que le progrès de
l'organisation a une valeur absolue, nous attribuerons
aussi une valeur à l'intelligence humaine, qui veut que
le bien soit une fin, et il ne nous en coûtera pas plus de
voir dans la nature, d'où l'homme doit sortir, un ache-
minement vers la nature humaine, que de voir dans
l'homme, issu de la nature, un assemblage d'éléments
matériels. Si donc, avec la biologie, le déterminisme se
resserre, de moins en moins il coïncide avec la nécessité
et le mécanisme. C'est l'erreur de la philosophie contemporaine d'avoir confondu nécessité et déterminisme (1).

(1) Cf. le texte suivant de Huxley : « It is certain.... that the notion
of necessity is something illegitimately thrust into the perfectly legiti-
mate conception of law.... » Huxley's, *Lay Sermons*, p. 158.
Dans un ouvrage récent sur l'Evolution, le professeur Calderwood,
de l'Université d'Edimbourg, s'exprime ainsi : « There is a Power opera-
ting continually in Nature, which does not come within range of the
observation possible to scientific modes and appliances, yet to which
Science is ever i directly bearing witness. » Prof. Calderwood : *Évolution and Man's place in Nature*, London, 1893, p. 341.

# XI

Les concepts de la psychologie ne possèdent pas le même degré de clarté et de précision que ceux des sciences physiques ou des sciences naturelles ; aussi, avant de soumettre à la critique la notion de loi psychologique, nous allons passer en revue les principales phases qu'a traversées la psychologie ; nous nous rendrons ainsi plus facilement compte de son objet et de son esprit.

La préoccupation de la psychologie est actuellement de faire œuvre scientifique. Mais cette remarque demande explication, car, depuis l'antiquité, le mot de science a changé de sens. Pour les anciens, la science était définie, *a priori*, la connaissance de ce qui est, c'est-à-dire de ce qui constitue le fond des choses et subsiste à travers les changements. Et ce fond des choses, c'était, selon eux, la forme parfaite et la cause finale. Rechercher la science de l'âme, en ce sens, c'était déterminer l'idée que les manifestations psychiques tendent à réaliser. Il n'en est pas de même chez les modernes. Ceux-ci déterminent l'idée de la science, non *a priori*, mais d'après les sciences effectivement réalisées. C'est ainsi qu'avec Bacon se dégage l'idée de loi phénoménale ou relation constante entre choses hétérogènes. La science selon lui, doit être pratique et établir la « maxime » régissant la production, c'est-à-dire qu'elle doit enseigner quel phénomène il faut poser pour qu'apparaisse celui qu'on a en vue. Rien ici ne commande que les deux phénomènes se ramènent l'un à l'autre pour l'esprit : ils peuvent n'avoir entre eux aucun rapport logique. D'autre part, Descartes, prenant pour type, non la production matérielle, (mais les mathématiques ou production idéale, estime que la science exacte consiste à partir d'éléments rationnellement simples et à composer, avec ces éléments, suivant une déduction rationnelle, des touts semblables pour l'essentiel aux objets que l'expérience nous présente.

Or, soit que l'on suive la direction de Bacon, soit que l'on suive celle de Descartes, il paraît difficile de constituer la psychologie comme science. Les lois baconiennes, qui consistent en rapports constants de coexistence ou de succession, vont-elles se retrouver dans des manifestations dont la complexité paraît infinie, dont l'instabilité paraît essentielle ? D'autre part, une explication mathématique, telle que la réclame Descartes, pourra-t-elle s'appliquer à ce qui semble réfractaire à la mesure ? La science étant envisagée comme un ensemble de lois physiques ou comme une démonstration mathématique, c'est, pour ainsi dire, un paradoxe de vouloir constituer la psychologie comme science. Pourtant les modernes y ont tendu de toutes parts. Voyons quels ont été les résultats de leurs efforts.

C'est dans la philosophie de Descartes lui-même qu'apparaît la première réalisation de la psychologie comme science. Descartes distingue deux domaines, celui de la pensée et celui de l'étendue. Ce dernier est l'objet propre de la science, tandis que l'esprit en est l'auteur. Dès lors, pour devenir objet de science, l'âme

devra être considérée sous le point de vue de l'étendue.
S'il s'agit de l'essence de l'âme, cette condition est
irréalisable. Mais, outre la pensée et l'étendue, Descartes admet, comme réalité irréductible, l'union de
l'âme et du corps. De cette union résultent, dans l'âme,
des modes accidentels qui ont rapport à l'étendue, qui
peuvent être envisagés du point de vue de l'étendue.
La connaissance de ces modes peut être scientifique
dans le même sens que la connaissance des phénomènes
sensibles. Cette connaissance se rapporte à la physiologie, laquelle n'est qu'une complication de la physique.

La conception cartésienne est très nette, mais elle engendre des difficultés qui furent vite aperçues. D'abord
elle soustrait à la science proprement dite, sous le nom
de pensée pure, une part considérable de la vie psychique.
Ensuite elle soulève la question de savoir de quel droit
on substitue au phénomène psychique proprement dit,
c'est-à-dire à la modification dont nous avons conscience, un phénomène extérieur entièrement hétérogène. Pour résoudre cette difficulté, il ne faut rien
moins que toute la métaphysique cartésienne, abou-
tissant à la confiance en la véracité divine. C'est à ce
problème des rapports de l'âme et du corps, impliqué
dans la prétention de faire de celui-ci la mesure de
celle-là, que répondent les savantes, mais transcendantes hypothèses des causes occasionnelles, de l'u-
nité de substance, de l'harmonie préétablie. La science
y est justifiée, mais, en définitive, par la croyance.
Ainsi la correspondance que le cartésianisme postule
n'a pu être ni définie, ni démontrée rigoureusement ;
elle est restée suspendue au Dieu, principe commun
de l'âme et du corps, auquel Descartes avait fait appel.
Mais, en même temps que les Cartésiens s'épuisaient

en efforts pour chercher dans le corps l'expression
fidèle de l'âme, d'autres philosophes cherchaient dans
l'âme, considérée à part, les éléments d'une psychologie scientifique. Ce sont les Anglais. Ils partent de
l'idée baconienne de loi naturelle, et combinent
cette idée avec des principes cartésiens.

Locke place à la base de la science de l'âme un
élément proprement psychique, l'idée. Les idées sont
le pendant des atomes matériels. Ce sont des unités définies, impénétrables, extérieures les unes aux
autres ; elles sont déposées dans l'entendement par
l'expérience, sans qu'aucune activité intellectuelle in-
tervienne dans leur acquisition. Pas plus que les atomes,
elles ne peuvent s'assembler d'elles-mêmes ; mais, tandis que l'assemblage des atomes se fait au moyen de
forces naturelles, l'assemblage des idées est artificiel.
Il est dû à l'activité de l'esprit humain. Rapprochant
ou séparant les idées qui lui sont offertes, l'entendement en fait une construction qui est l'édifice de nos
connaissances.

Chez Locke le dualisme est manifeste : l'arrangement des idées ou matériaux leur vient du dehors, à
savoir de l'activité de l'esprit qui est l'architecte. Dans
son développement, cette philosophie s'est scindée :
aux deux éléments de la connaissance, distingués par
Locke, correspondent deux groupes de doctrines.

La première direction est représentée par les philosophes qu'on peut justement appeler *Idéologues*. Ceux-
ci s'efforcent de construire toute la psychologie avec
les seules idées. Leur préoccupation est de rendre
inutile l'activité introduite par Locke pour opérer le
groupement. Trouver de plus en plus complètement
dans les idées elles-mêmes la raison de leur liaison,

tel est le sens du progrès des doctrines dans cette école.
Ainsi Berkeley démontre qu'il existe des lois proprement psychiques : la perception visuelle de la distance
ne s'explique pas par une inférence nécessaire obtenue,
sans recours à l'expérience, au moyen d'une géo-
métrie visuelle. Elle consiste dans la suggestion de
perceptions tactiles produite, au sein de l'imagination
et grâce à l'expérience, par des perceptions visuelles.
Les diverses perceptions ont ainsi la propriété de se
suggérer les unes les autres, malgré leur irréductibilité
mutuelle; et par suite cette suggestion est contingente.
Voilà un exemple de loi psychique conçue en un sens
idéologique. Cette idée de loi psychique, comme substitut de l'activité spirituelle de Locke, fait le fond de la
philosophie de Hume. Avec les impressions mentales
et les lois inhérentes à ces impressions, Hume estime
qu'on peut expliquer tout le système de nos connaissances. Les impressions, en s'affaiblissant, deviennent
des idées. Ces idées s'associent d'elles-mêmes, selon
les rapports de ressemblance, de contiguïté et de causation, la causation n'étant que la tendance d'une
idée à évoquer une idée hétérogène à laquelle elle a
été fréquemment associée. Tels les corps, selon Newton, s'attirent suivant une loi où n'interviennent que
leur masse et leur distance. Il n'y a plus ici, comme
chez Locke, dualité de l'esprit et de l'idée, puisque les
lois psychologiques ne sont que des rapports résultant
de la nature des idées elles-mêmes. Cependant la notion de tendance, c'est-à-dire d'habitude, à laquelle
Hume a recours, conserve quelque chose de mystérieux.
Suspendant cette habitude à la bienfaisante nature,
Hume lui attribue une sorte de valeur objective. Stuart
Mill s'efforce d'éliminer plus complètement encore

toute trace d'activité. Par la seule force des idées, une association devient inséparable, si elle a été souvent reproduite et si jamais elle n'a été contredite. L'association, prise à la lettre, c'est-à-dire une loi de tout point analogue aux lois physiques, doit expliquer tous les concepts et opérations pour lesquels on s'est cru obligé de recourir à la spontanéité de l'esprit, à savoir la causalité, les vérités premières, le raisonnement, la volonté, la moralité, l'extériorité, le corps et l'esprit.

Tel est le développement de la philosophie de Locke conçu dans le sens idéologique. Il n'est pas sans soulever des difficultés. Qu'est-ce que ce donné, d'où partent les idéologues et où ils cherchent l'explication de toute la vie psychique? L'idée-atome n'est pas un concept plus clair que l'atome matériel. Est-il vrai qu'il y ait des indivisibles psychiques, alors qu'on ne peut trouver d'indivisible corporel? Et si l'on soumet à l'analyse ce prétendu donné, l'idée des idéologues, n'y trouve-t-on pas toujours, avec un élément venu du dehors, cette activité même de l'esprit qu'on se proposait d'éliminer? Que vaut la doctrine, si ses principes supposent cela même dont elle prétend se passer? Ainsi raisonne la seconde catégorie de philosophes issus de Locke, et qu'on peut appeler les psychologues dynamistes. On peut d'ailleurs, parmi les dynamistes, distinguer ceux qui procèdent par analyse, et ceux qui procèdent par simple observation.

Parmi les représentants du dynamisme analytique, il convient de placer Condillac. En effet, la sensation qu'il pose comme primitive et fondamentale n'est pas une simple donnée indivisible et inerte; elle est une faculté, et elle se développe grâce à l'activité qui lui est propre.

Cette activité consiste à s'analyser elle-même, et, par là, à se diversifier, à se transformer en facultés plus spéciales et plus hautes. Mais le plus grand représentant de l'analyse est Kant. Pour lui, il est impossible d'expliquer le jugement d'existence impliqué dans toute expérience, si l'on n'admet une action de l'esprit. Cette action se trouve donc, malgré qu'on en ait, au fond de tout ce qu'on dit être donné. Le donné pur et simple est une chimère. Il n'y a de donné que ce que l'esprit se donne en s'assimilant les matériaux fournis par le dehors. Ainsi s'est formée, par l'emploi de la méthode analytique, la doctrine dite des facultés.

Par une autre voie, à savoir par l'observation intérieure poursuivie aussi avant que possible, les Ecossais arrivent à des résultats analogues. Dans les perceptions externes, où Locke voyait des idées simples, Reid démêle, par introspection, trois éléments : la sensation, la conception d'un objet extérieur dont la sensation est le signe, et la croyance immédiate à l'existence actuelle de cet objet. Or, cette croyance est un jugement primitif formé en vertu de lois psychiques fondamentales, dites principes du sens commun. A la suite de Reid, Jeffroy croit apercevoir, sous les phénomènes, les facultés qui y président et, sous les facultés, la substance même qui possède ces facultés. Par l'observation même, il arrive à l'apriorisme. Donc, soit par la méthode d'observation, soit par la méthode d'analyse, on obtient autre chose que des faits. En face de l'associationnisme se dresse l'apriorisme dans le développement même de la philosophie de Locke. Les deux principes qu'avait combinés cette philosophie se sont dissociés et sont entrés en antagonisme.

Nous avons vu la psychologie mathématique des car-

tésiens incapable d'établir solidement son point de vue.
La psychologie d'introspection, issue de Locke, pourra
t-elle suffire à la philosophie moderne, qui poursuit la
science de l'âme? Dynamistes et associationnistes sont
engagés dans un débat qui, sur le terrain de la seule observation intérieure, apparaît comme insoluble. L'expérience suppose des principes *a priori*, disent les disciples
de Kant. J'explique vos principes *a priori* par l'expérience même, répond Stuart Mill. Les uns et les autres s'ac-
cusent mutuellement de tourner dans un cercle vicieux.
De plus, ni l'une ni l'autre des deux doctrines, prise en
elle-même, ne satisfait vraiment aux conditions de la
science. Aux dynamistes on reproche un apriorisme qui
sort des cadres de la science et ne comporte pas de relation définie avec les faits. D'autre part, l'associationnisme lui-même, quand il arrive à se formuler pleinement,
avoue son insuffisance. Le moi, en effet, ne serait, à son
sens, qu'une série d'états de conscience qui se connaît.
Mais comment une série peut-elle se connaître, c'est-
à-dire s'unifier? D'où vient le lien? Mill lui-même convient que cette unité ne peut être un simple produit des
lois de la pensée, et fait appel au Moi. D'autre part, les
liaisons de phénomènes psychiques que l'on peut découvrir par l'observation intérieure demeurent très
lâches et indéterminées. Le postulat des idéologues était
que les idées forment un monde à part, qui a ses lois
comme le monde des corps. Mais le psychique se suffit-il
ainsi à lui-même? Il ne le semble pas, et ainsi l'associationnisme, qui ne dispose que des états de conscience,
peut être descriptif, non explicatif, ou du moins ne peut
dépasser les explications très générales et très vagues.

En présence des lacunes, peut-être irrémédiables, de
la psychologie d'introspection, l'idée cartésienne de

l'explication de l'âme par le corps s'est de nouveau fait jour. Y a-t-il pour l'homme un autre moyen de connaître scientifiquement que de connaître par la matière? Qui sait si la matière n'est pas précisément et exclusivement la forme que l'esprit donne aux choses quand il essaie de les connaître? Chercher dans les choses extérieures et mesurables les expressions et les substituts des affections de l'âme, tel sera l'esprit des recherches qu'il nous reste à examiner. Mais l'effort des psychologues sera d'échapper aux difficultés qui ont compromis le cartésianisme. Celui-ci aurait voulu, d'emblée et une fois pour toutes, assurer la correspondance du psychique et du physique, et, pour y réussir, il s'engageait dans les plus difficiles recherches métaphysiques. Les modernes chercheront à établir de proche en proche, à la lumière de l'expérience, une série de relations entre les phénomènes physiques et les phénomènes psychiques considérés dans leur détail.

Bain est encore, à bien des égards, un Écossais. Il se rapproche toutefois de la tendance nouvelle en concevant l'observation d'une manière qui réunit l'observation externe et l'observation interne. Selon lui, pour atteindre au réel et non pas seulement à quelque chose d'abstrait, il faut considérer le fait psychique dans sa totalité naturelle, et ne jamais isoler l'élément interne de ses concomitants physiologiques et physiques. Etudier les deux termes dans leur liaison, telle est la méthode à suivre.

Spencer, dans une vaste synthèse, fait appel à l'infini, et intercale, entre le psychique et le physique, une infinité d'intermédiaires permettant de concevoir le premier comme un produit du second. Le psychique, selon lui, trouve dans le physique son explication, en tant que les phénomènes mentaux les plus compliqués se ramènent de proche en proche à l'action réflexe, et en tant que cette évolution elle-même a pour principe la correspondance croissante de l'organisme avec le milieu où il est placé. L'adaptation aux conditions extérieures est ainsi le caractère commun de la vie de l'âme et de la vie du corps. Les lois du corps sont plus simples, celles de l'âme plus compliquées. De plus, tandis que dans le corps les changements sont à la fois simultanés et successifs, dans l'âme ils ne sont que successifs. L'âme est essentiellement constituée par la propriété de percevoir une différence; c'est la spécification de cette propriété qui fait apparaître toutes ses facultés.

Tandis que Spencer établit ainsi la légitimité du point de vue de l'observation externe en psychologie, des savants spéciaux abordent le détail des problèmes à la manière du physicien ou du naturaliste. La question est, pour eux, comme le voulait Descartes, de trouver le biais par où les choses peuvent être connues scientifiquement.

C'est en ce sens que Fechner a cherché la relation mathématique de l'excitation et de la sensation. Sa loi est rigoureusement scientifique quant à la forme, mais il est difficile de la mettre exactement d'accord avec les faits minutieusement observés, et aussi d'en déterminer sûrement la signification psychologique. Il a mis directement le psychique en présence du mathématique. Il est plus prudent d'intercaler des intermédiaires. Ces intermédiaires, c'est la physiologie qui les fournit. De là la psychologie physiologique expérimentale. Selon cette discipline, l'élément psychique n'est et ne sera de longtemps encore saisi que par la conscience; mais nous sommes en droit d'admettre qu'il correspond à un processus physiologique qui est en connexion, suivant les lois générales de la physiologie, avec des processus physiologiques observables. En effet, les phénomènes de transmission nerveuse, qui sont incontestablement des phénomènes de mouvement matériel, ne sont pas aperçus par la conscience. Il se peut donc que la pensée soit, elle aussi, accompagnée de mouvements sans que nous en ayons conscience. Et ainsi, entre l'impression venue du dehors et l'action visible correspondante, il est naturel d'admettre une continuité de phénomènes physiques. Le psychologue cherche dès lors à connaître les actes psychiques par leurs antécédents et leurs conséquents physiques et physiologiques observables. Il établit des relations de cause à effet entre des phénomènes physiques et des états de conscience, en attendant que ces états de conscience soient eux-mêmes connus dans le substratum matériel qui leur est propre. Et, suivant la méthode de Descartes, la psychologie expérimentale va du simple au composé : elle se propose tout d'abord de mesurer la durée des actes psychiques, depuis l'acte le plus élémentaire, qui est la réaction simple, jusqu'aux actes plus complexes, tels que la perception d'une différence, l'action de compter, de nommer, le raisonnement de plus en plus compliqué. Ainsi elle étend de proche en proche son domaine ; et, là où l'expérimentation ne peut pas encore pénétrer, elle se contente, provisoirement, d'être descriptive, ainsi que l'entendait Bain, en considérant, non seulement les états sains, mais encore et surtout les états morbides, qui sont comme des décompositions des opérations opérées par la nature elle-même. Quelle est l'ambition de cette psychologie ? Les fondateurs, Helmholtz et Wundt, sans parler de Fechner, ne prétendent pas à l'élimination de tout élément *a priori*. Helmholtz admet la causalité en un sens kantien;

Wundt superpose au mécanisme des fonctions inférieures une activité intellectuelle qui se sert de ce mécanisme pour réaliser des fins qui lui sont propres.
Plusieurs sont disposés à aller plus loin dans ce sens.
M. Beaunis, toutefois, estime qu'il faut, pour le moment
du moins, laisser de côté les phénomènes moraux et
tout ce qui paraît le propre de l'homme, pour s'en tenir
à considérer les phénomènes psychiques communs
à l'homme et à l'animal.

Il nous reste à examiner quelle est la signification
philosophique des lois psychologiques.

# XII

*(Suite et fin.)*

Après avoir passé en revue, dans la dernière leçon, les diverses méthodes relatives à la détermination des lois psychologiques, il nous reste à apprécier aujourd'hui les résultats auxquels ces méthodes peuvent conduire. Des deux types principaux de lois psychologiques que nous avons distingués, le premier, le type idéologique, est analogue aux lois physiques, *mutatis mutandis*, c'est-à-dire établit une connexion entre des termes de même nature, ces termes étant ici des états de conscience. Ce point de vue date surtout de Locke. Les autres lois, celles qui ont leur premier modèle dans la doctrine cartésienne, établissent un rapport entre un phénomène psychique et un phénomène physique. Placé à ce point de vue, on espère, non seulement constituer la psychologie comme science analogue aux sciences physiques, mais la faire rentrer expressément dans le concert des sciences de la nature.

Or, en quoi consistent ces deux espèces de lois ? Seront-elles vraiment de même nature que les lois des science de la matière ? Pourront-elles enserrer la réalité psychique sans faire appel à aucune notion d'activité ? En quel sens est possible, jusqu'où porte une psychologie sans âme ?

Considérons d'abord les lois idéologiques ou lois

d'associations psychiques. Pour établir de pareilles lois,
Locke et ses disciples ont dû se représenter les faits
psychiques d'une manière tout à fait artificielle. Ces
faits sont, pour eux, des éléments indivisibles liés entre
eux du dehors comme les éléments de la matière dans
l'atomisme. Mais comment se représenter, comment
concevoir un élément psychique indivisible ? Où, dans
ce domaine, trouver des matériaux fixes, définis, se
juxtaposant et se dissociant comme les pierres d'un
édifice ? Ce qui présente des propriétés de ce genre,
ce sont les mots et les lettres. La psychologie associa-
tionniste prend les données du langage pour les éléments de la vie intérieure, dont ils ne sont qu'une
grossière représentation.

Mais, dira-t-on, les sciences les plus parfaites ne
supposent-elles pas des artifices et des symboles ?
Certes, et ceux-ci se légitiment par les services qu'ils
rendent. Ainsi, en chimie, l'hypothèse des atomes conduit à des conséquences que l'on peut, par des expériences précises, confronter avec les faits. En psychologie, rien de tel, car on ne peut construire un assemblage mécanique d'idées, et mettre en présence des
faits les résultats d'une déduction rigoureuse. La synthèse, ici, ne fait jamais que reproduire une analyse
plus ou moins exacte et approfondie. La démonstration
n'est jamais qu'illusoire.

Prises pour ce qu'elles sont, c'est-à-dire pour de
simples traductions métaphoriques des relations psychologiques, les lois d'association ont cet inconvénient
d'être singulièrement vagues. Elles semblent se réaliser
parce qu'elles impliquent fort peu de chose. Une idée
est en général précédée d'une autre idée ; comme l'associationnisme n'exige pas le moindre rapport logique en-

tre deux idées pour que l'une soit dite cause de l'autre,
on est toujours en droit d'ériger en cause l'antécédent
et d'expliquer l'apparition d'une idée par une simple
association. Le système fournit des tables de présence.
Il néglige de dresser et de discuter les tables d'absence.
Que d'idées sont contiguës dans la conscience sans
s'associer ! Il faudrait aussi s'assurer que les explications par association, que chacun de nous aime à fournir, ne sont pas de simples produits de l'imagination,
inventant, selon ses goûts et ses habitudes, un roman
dont le dénouement coïncide avec l'état de conscience à
expliquer.

Ce n'est pas tout. Non seulement les lois d'association restent vagues et hypothétiques, mais il est des cas
où elles sont manifestement insuffisantes pour expliquer les phénomènes. Ce sont les cas, si nombreux
certainement, et qui chaque jour nous semblent plus
fréquents, où des influences inconscientes ou physiques
s'intercalent entre les états de conscience. Considérez,
par exemple, les idées dues à des impulsions. Les ex-
pliquera-t-on par d'autres idées ? N'en cherchera-t-on
pas bien plutôt la raison dans des conditions organiques ? Si l'inconscient, si le physique jouent un rôle
dans la production de nos idées, la conscience ne peut
saisir que des tronçons épars, et manque de moyen
pour les relier entre eux.

Artificielles, hypothétiques, vagues et superficielles,
les lois d'association ne peuvent fonder un déterminisme. Là même où elles réussissent, elles n'ont pas
une telle portée. C'est une erreur de croire qu'une action est connue comme déterminée d'une façon nécessaire
par cela seul qu'on peut la prévoir. Pourquoi l'habitude,
le caractère, le sentiment, la volonté même n'engendre-

raient-ils pas des uniformités mécaniques? Les habitants de Kœnigsberg mettaient leur montre à l'heure en voyant le philosophe Kant faire sa promenade journalière.

Pour essayer de combler les lacunes inséparables de l'associationisme, la psychologie physique considère l'âme dans ses rapports avec l'organisme. Elle espère superposer une psychologie vraiment scientifique à la psychologie descriptive, en étudiant le phénomène psychique dans la totalité de ses éléments et conditions, et en cherchant dans le mécanique l'explication du conscient.

Considérons d'abord la négation impliquée dans cette méthode. La psychologie physique nie l'efficacité du vouloir comme tel. Cette négation est-elle légitime ? Elle se présente à nous tout d'abord comme une fin de non-recevoir. La psychologie physique, déclare-t-on, procède comme la chimie ou la physique : elle n'affirme pas, elle ne nie pas le libre arbitre; elle l'ignore, parce qu'il n'est pas de son domaine. Or il s'agit de savoir si cette ignorance volontaire est, en psychologie, aussi légitime que dans les sciences précédentes. Celles-ci portent sur des phénomènes très éloignés de l'esprit et sensiblement isolables des manifestations de la volonté. Leurs domaines sont fixés par des définitions qui ont encore quelque chose de la liberté des définitions mathématiques. Si le physicien rencontre des faits qui ne rentrent pas dans le cercle qu'il s'est tracé, il les renvoie à d'autres chercheurs. Peut-on de même, en abordant l'étude de l'âme, annoncer qu'on ne s'occupera de rien de ce qui manifesterait une volonté libre ? Ne risque-t-on pas, ici, d'imposer à la nature une délimitation qu'elle ne comporte pas? En ce qui concerne les sciences de la matière, l'événement a montré la légitimité de la méthode. Mais la psychologie physique est trop peu avancée pour qu'on puisse ici invoquer pareil argument. Il faut que l'on possède des preuves satisfaisantes de la non-intervention du libre arbitre dans la production des phénomènes.

Ces preuves, il est vrai, on croit les posséder. L'impossibilité de l'existence effective du libre arbitre a été maintes fois démontrée d'une manière très forte. Toutes ces démonstrations reposent, en définitive, sur l'argument de Spinoza, suivant lequel la conscience ne serait au fond que la transformation en finalité des causes efficientes et mécaniques non aperçues comme telles. Mais il y a là une hypothèse très ingénieuse plutôt qu'une véritable démonstration. Pour ramener véritablement le libre arbitre au mécanisme, il faudrait expliquer mécaniquement le sentiment du libre arbitre; et, pour être en mesure de fournir une telle explication, il faudrait avoir expliqué mécaniquement tous les phénomènes psychiques, moins compliqués, que suppose le sentiment du libre arbitre. Et ces démonstrations devraient reposer sur la connaissance du cerveau, non sur des hypothèses métaphysiques. Mais, si les sensations même les plus élémentaires ne sont pas encore complètement explicables par le cerveau, comment le sentiment du libre arbitre le serait-il ?

Voilà ce que l'on peut dire au sujet des négations impliquées par une psychologie physique qui prétendrait être radicale. Examinons maintenant le côté positif de la doctrine, à savoir le type de loi qu'elle a en vue. Ce type de loi consiste dans la dépendance du moral à l'égard du physique. Mais cette dépendance peut s'entendre de deux manières. Selon un premier sens, la loi rattache un phénomène mental à un phénomène physique, et relie par un rapport de constance et de nécessité deux termes hétérogènes. Un tel genre de loi est parfaitement concevable depuis que Hume a formulé le fameux principe : « *Any thing may produce any thing* ». Mais si les deux termes sont de nature entièrement distincte, leur liaison est pour nous une simple concomitance ; et *a priori* nous n'avons aucune raison d'affirmer que le physique ne peut pas dépendre du psychique aussi bien que le psychique du physique. Aussi l'énoncé de telles lois n'est-il en général qu'une étape que l'on espère franchir. Par la dépendance du moral à l'égard du physique, on entend au fond la réduction aussi complète que possible du moral au physique. Cette réduction serait réalisée de la manière suivante : montrer qu'à chaque phénomène psychique correspond un phénomène physique déterminé, et que ce dernier s'explique entièrement par des causes physiques. Le psychique ne serait ainsi qu'une expression, une traduction, en un langage spécial, de certains phénomènes physiques.

Pour opérer cette réduction, la psycho-physique mesure les états de conscience, et cherche la loi de leur correspondance à certains phénomènes physiques. Mais, obligée de substituer aux sensations elles-mêmes les plus petites différences perceptibles, elle prend pour accordé que des différences aussi petites que possible sont égales. Or rien n'est moins évident, et l'on cherche vainement des unités psychiques susceptibles d'être ajoutées ou retranchées comme les unités mathématiques.

Cette critique, toutefois, n'est pas décisive. Il n'est pas nécessaire que les phénomènes psychiques soient traités comme des quantités, pour qu'ils puissent être ramenés à des phénomènes physiques. Il suffit que chacun d'eux, si hétérogène qu'il soit à l'égard des autres, soit lié à un phénomène physique déterminé. Mais alors nous retombons dans certaines difficultés exposées plus haut. Vouloir qu'un certain équivalent mécanique représente chacun des états d'âme, c'est admettre que ceux-ci sont en quelque sorte des entités fixes et rigides, des atomes immuables, ce qui, nous l'avons vu, n'existe pas en réalité. Les qualités ne peuvent pas se mettre en dehors les unes des autres comme des choses externes. Il est impossible de dire où l'une finit, où l'autre commence. Elles sont invinciblement complexes et fluides.

Tel est donc le dilemme que l'on peut opposer à la psycho-physique : ou bien les lois psychologiques relient entre eux des termes hétérogènes, et il n'y a pas de raison pour que celui-là dépende de celui-ci plutôt que celui-ci de celui-là ; ou bien elles ne portent que sur des termes homogènes et quantitatifs ; et, dans ce cas, il est impossible d'établir la correspondance de ces lois objectives avec les phénomènes subjectifs de l'âme.

C'est que la psychologie physique poursuit un problème paradoxal. Les sciences positives, depuis les mathématiques jusqu'à l'histoire naturelle elle-même, n'ont pu se constituer qu'en faisant de la réalité deux parts : l'une susceptible, l'autre incapable d'être quantifiée. La seconde part excluant la précision et le calcul, on l'écarte ; la première seule fera l'objet de la science. Or, ce résidu, que les sciences précédentes ont dû éliminer pour devenir positives, à savoir l'ensemble des éléments subjectifs, voilà ce que la psychologie physique voudrait connaître scientifiquement. Cela est l'opposé de la méthode des sciences. Or, de deux choses l'une : ou l'on entend réduire absolument le dedans qu'avaient ré-

servé les sciences, et cette réduction aura, métaphysiquement, une influence rétroactive sur les sciences. Elle
réduira leurs objets à des abstractions sans base. Les
concepts scientifiques, intelligibles comme mesure de la
réalité, perdront toute signification, si l'on veut que la
mesure ne mesure finalement qu'elle-même. On aboutira
ainsi au nihilisme. Ou — comme second terme de l'alter-
native — on ne poursuivra la résolution que jusqu'à un
certain point, ainsi que font les sciences. En ce cas, la
science que l'on constituera sera aussi légitime que les
autres. Mais, comme les autres, elle laissera subsister
l'esprit, et avec lui la possibilité d'une métaphysique
spiritualiste.

Pour conclure, la psychologie sera singulièrement
restreinte et bornée, si elle élimine réellement toute notion
d'âme, si elle renonce à accepter un postulat spécial. En
fait, la notion d'âme intervient constamment dans les
explications en apparence mécaniques que l'on donne
des phénomènes. En effet, les réactions que l'on attribue
à l'être psychique ne sont pas de simples réflexes propres
à réaliser la vie. Elles sont de nature à procurer la science
et, par la science, l'empire sur les choses. L'être doué
d'une âme n'est pas seulement une fin, comme l'être
doué de vie : il est capable de se proposer une fin
et d'imaginer des moyens propres à la réaliser. Il peut
se proposer comme fin, non seulement sa propre existence, mais une infinité d'objets qui n'y tiennent que
peu ou point. Il peut aller jusqu'à se proposer des fins
absurdes, telles que le néant. S'il en est ainsi, il y a en
quelque sorte deux psychologies, quoique la séparation
n'en soit pas précise. Il y a la psychologie proprement
humaine, laquelle ne peut faire abstraction de la faculté
de réflexion qui constitue l'homme. Il y a en second lieu

la psychologie animale, à laquelle ressortissent les manifestations psychiques de l'homme même, en tant qu'il
laisse agir, sans les diriger, les forces qui sont en lui.
Et le mécanisme que détermine cette seconde psychologie n'est pas sans rapport avec la liberté que révèle
la première. Il représente l'instrument sur lequel
s'exerce immédiatement la liberté et qui la met en
relation avec la nature.

# XIII

## LES LOIS SOCIOLOGIQUES.

Comment s'est constituée la sociologie ? Quels sont les principaux moments de son développement historique ? L'antiquité grecque, avec Aristote, a déclaré l'homme un animal politique. En quel sens ? Volontiers le naturalisme moderne reprend cette parole. Mais Aristote l'entendait en un sens qui se rattache à l'ensemble de sa philosophie comme aux idées des Grecs. Chez lui πόλις veut dire cité, et non société en général. En outre, *nature* ne signifie pas causalité pure et simple, nécessité immanente aux choses, mais finalité, c'est-à-dire forme parfaite, type accompli, vers lequel tend le mouvement des êtres : γιγνομένη (s.-e. πόλις) τοῦ ζῆν ἕνεκεν, οὖσα δὲ τοῦ εὖ ζῆν. Διὸ πᾶσα πόλις φύσει ἐστίν.'.... ἡ δὲ φύσις τέλος ἐστίν· οἶον γὰρ ἕκαστόν ἐστι τῆς γενέσεως τελεσθείσης, ταύτην φαμὲν τὴν φύσιν εἶναι ἑκάστου(1). Ainsi, loin que chez Aristote la nature soit l'opposé de l'art, comme le veut le naturalisme contemporain, la nature et l'art ne font qu'un dans le fond des choses ; la nature artiste tend à réaliser un idéal qui est la cité, et les formes que revêt effectivement la société humaine sont le résultat de cette tendance, plus ou moins satisfaite ou contrariée.

Avec les modernes, dont Descartes est le héraut,

(1) Arist. *Pol.* I, 2, 1252, b. 29 sqq.

l'esprit scientifique domine. Les questions sociales elles-mêmes vont être traitées dans un sens rationaliste. Descartes, quant à lui, les écarte comme irréductibles à l'évidence mathématique. Mais Hobbes trouve le moyen de traiter de la société à un point de vue scientifique et suivant la méthode mathématique elle-même. Il part de cette idée que l'organisation sociale est une œuvre ré-fléchie (*artefact*) de la raison humaine, analogue aux ma-chines matérielles. Si donc on a une fois déterminé l'objet de l'organisation sociale, cette organisation pourra s'en déduire mathématiquement. Or, selon Hobbes, le propre de l'homme est d'être intelligent; et son intelligence fait de lui un être égoïste : *homo homini lupus*. De là la guerre de tous contre tous. A l'occasion de ce phé-nomène, la raison humaine conçoit le bien général. Dès lors se pose à elle le problème de réaliser le bien géné-ral en opérant sur des êtres dont l'essence est l'égoïsme. Ce problème, Hobbes le résout déductivement. L'obser-vation et la raison ont fourni les principes, la méthode mathématique tire les conséquences.

Chez Montesquieu, la méthode est encore mathéma-tique pour une forte part. Son point de départ, c'est la nature de l'homme considéré avant l'établissement des sociétés. Cette nature porte les hommes à s'unir. Mais, aussitôt qu'ils sont en société, ils perdent le sentiment de faiblesse qu'ils avaient primitivement; l'égalité qui était entre eux cesse, et l'état de guerre commence. Le problème consiste à organiser la société de manière à re-couvrer, au sein même de cet état nouveau, l'état pri-mitif de paix et de liberté. La déduction détermine les conditions requises pour que ce résultat soit atteint. Reste ensuite à appliquer ces principes aux différents cas qui se présentent dans le monde, comme le mécanicien applique les principes de sa science aux forces réelles que lui offre la nature.

Rousseau part du fait de la société actuelle, dans laquelle il ne voit qu'oppression. Or, dit-il, l'homme est né libre et doit être libre. D'où vient cette contradiction? Vraisemblablement, dit Rousseau, les hommes auront eu à se défendre contre des causes de destruction, et devant ces obstacles les individus se seront sentis trop faibles. N'ayant point la capacité d'engendrer de nouvelles forces, mais seulement d'unir et diriger celles qui existent, ils n'ont eu d'autre moyen de se conserver que de former par agrégation une somme de forces capable de l'emporter sur la force adverse. Cette force collective, à son tour, n'a pu être constituée que grâce à un contrat tacite par lequel chaque associé, pour conserver son existence et sa liberté, a aliéné tous ses droits entre les mains de la communauté. Quelques-uns, pourtant, l'ont détournée à leur profit. Le problème consiste à organiser véritablement la société d'après l'idée du contrat primitif.

Ainsi de Hobbes à Rousseau la société est considérée comme une œuvre d'art, l'art étant nettement distingué de la nature.

Dès le xviiie siècle, un troisième point de vue se dégage. Les adeptes de la doctrine du progrès se proposent de montrer que le cours naturel des choses amène le progrès des connaissances, et que celui-ci entraîne infailliblement le progrès de la moralité et du bonheur. C'est là, selon Condorcet, l'effet d'une loi naturelle indépendante de la volonté humaine. Inversement Rousseau soutenait que le progrès des sciences, poursuivi pour lui-même diminue, le bonheur et corrompt l'humanité, cela encore par une loi de nature. Les Économistes supposent que les hommes, à l'état de nature, possédaient, comme des droits imprescriptibles, la liberté et la propriété. De ces droits les gouvernements les ont plus ou moins dépouillés, sous prétexte qu'il y aurait incompatibilité entre la liberté individuelle et l'intérêt public. Les Economistes se proposent de montrer que, selon les lois de la nature, l'intérêt privé et l'intérêt public, loin de se contrarier, se supposent. Voilà donc l'idée de loi naturelle entrée dans la science sociale ; mais les publicistes dont nous venons de parler ont posé d'avance, selon leurs désirs, les lois qu'ils veulent découvrir dans le cours naturel des choses.

C'est Auguste Comte qui le premier dégagea nettement l'idée d'une sociologie analogue aux autres sciences. Pour lui, une loi sociale n'est plus l'expression d'un vœu, mais l'expression de faits observés avec impartialité. Mais la société conserve, aux yeux de Comte, une nature propre, irréductible aux formes inférieures de l'être. Pour H. Spencer, au contraire, la société humaine n'est qu'un cas particulier de la société animale. Pourquoi, toutefois, Spencer maintient-il l'individualisme comme fin de la société ? N'est-ce pas qu'il fait trop vite succéder la synthèse à l'analyse, et qu'il est sous l'empire de préférences personnelles ? Plusieurs soutiennent aujourd'hui que la véritable méthode est d'étudier les menus faits avec impartialité, d'en dégager les lois suivant les règles générales de l'induction et de ne s'élever que peu à peu aux vues d'ensemble. C'est l'achèvement de la troisième conception : la société considérée comme œuvre naturelle, à l'exclusion complète de l'art.

Examinons l'idée de loi sociologique telle qu'elle se dégage de cette évolution, et demandons-nous si elle répond exactement à la nature des choses elles-mêmes.

Nous remarquons d'abord que la sociologie naturaliste fait pendant à la psychologie exclusivement expérimentale. Comme celle-ci veut expliquer les faits psychologiques en faisant abstraction de l'âme, de même celle-là veut rendre compte des faits sociologiques en faisant abstraction de l'homme. Elle refuse de faire appel à une faculté proprement humaine, à la finalité consciente et réfléchie. Expliquer les phénomènes, déclare-t-on, c'est les conditionner sous la loi des causes efficientes. Si donc la sociologie veut être une science comme les autres, les faits y doivent être reliés à des conditions, non à des fins.

Admettons que la sociologie doive être une science. Quelle en sera la forme? Au temps où les sciences mathématiques étaient les plus développées, on voulait que cette forme fût mathématique. Aujourd'hui que les sciences naturelles prennent un admirable essor, on se les propose pour modèle. Il y a là une influence historique, plus qu'un phénomène nécessaire. Pourquoi la sociologie ne réclamerait-elle pas des postulats particuliers et une méthode propre, comme le pensait Auguste Comte? Il ne suffit pas de dire : la sociologie doit revêtir telle forme, elle ne sera science qu'à ce prix. La science est-elle une entité une et indivisible, et ne se pourrait-il pas qu'il y eût des sciences véritablement différentes, possédant chacune son originalité?

Quelle est maintenant la nature des lois auxquelles aboutit la sociologie? La tentative la moins hardie paraît être de poser des lois dites historiques. Ces lois ont pour caractère de relier le présent au passé par voie de causalité efficiente. L'idée est assez nette; mais lorsque de la théorie on passe à la pratique, on se heurte à des difficultés. On s'efforce d'expliquer les faits par leurs antécédents en éliminant toute initiative humaine; mais la question se pose de nouveau à propos de ces anté-cédents mêmes, et ainsi de suite à l'infini. De ce que je suis purement et simplement l'impulsion que m'ont donnée mes ancêtres, il ne résulte pas que mes ancêtres aient été passifs comme moi. D'une manière générale, la nécessité des suites ne préjuge pas celle de l'origine.

Que si, laissant de côté la question d'origine, nous considérons en elle-même la loi dite historique, nous trouvons qu'une telle loi n'est pas tenue par les hom-mes pour nécessitante. Tout au contraire, nous les voyons dire : tel peuple, dans des conditions analogues à celles où nous nous trouvons, a été frappé de telle manière : veillons à ce que la même chose ne nous arrive pas. Jamais, en cet ordre de choses, on ne considère l'anté-cédent comme devant nécessairement entraîner un seul conséquent, à l'exclusion de tout autre. Un antécédent est considéré comme une influence, non comme une cause proprement dite.

On peut aller plus loin, et se demander s'il existe vraiment des lois historiques. Il est à remarquer que les historiens de profession ont peine à l'affirmer. Fustel de Coulanges disait qu'en histoire on peut quel-quefois, bien rarement, déterminer des causes, mais qu'il fallait renoncer à trouver des lois. En effet, esti-mait-il, une loi implique la réapparition d'un même antécédent. Or, où voyons-nous l'histoire se répéter ? Le trait essentiel de l'esprit historique, aimait à dire M. Zeller, est le discernement des caractères propres à chaque époque ; et l'on se trompe d'ordinaire quand on juge du passé par le présent, ou réciproquement. Les faits historiques sont des mélanges trop complexes et instables pour se reproduire tels quels. S'ils recèlent des lois, c'est dans leurs éléments, non dans leur forme concrète, qu'il les faut chercher.

De là un second point de vue, qu'on peut appeler le point de vue physico-sociologique : on s'efforce de rattacher les faits sociaux, non plus à leurs antécédents également sociaux, mais à des conditions extérieures observables et mesurables, telles que les circonstances géographiques, la densité de la population, la quantité des subsistances. Mais il y a lieu de faire une distinction. La population et la quantité des subsistances ne sont pas des faits bruts comme les conditions climatériques. L'homme, et l'homme social, intervient dans les premiers ; ainsi ils sont déjà sociaux dans une certaine mesure ; et leur demander l'explication de la société, c'est, pour une part, supposer ce qu'on se propose d'expliquer.

Ce n'est pas tout. On veut que les phénomènes sociaux dérivent de conditions extérieures, ainsi que les phénomènes physiques ; mais il est très difficile de montrer cette dérivation. Supposons, par exemple, que l'on explique le développement de la division du travail par le progrès de la densité sociale. On invoquera la remarque de Darwin, suivant laquelle des êtres différents vivent plus facilement côte à côte que des êtres semblables : ils se gênent moins les uns les autres, et entre eux la lutte pour la vie est moins ardente. Cette diversité salutaire, l'homme l'obtient par le développement de la division du travail, laquelle apparaît ainsi comme le résultat nécessaire de la lutte pour la vie. Une cause physique, la concurrence vitale, explique de la sorte un fait social, la division du travail.

Mais la loi posée par Darwin s'applique-t-elle intégralement quand il s'agit de l'homme? Est-il juste de dire que la diversité des fonctions est toujours un principe de tolérance mutuelle? Considérons le capital et le travail : la différence qui les sépare ne les empêche pas de se combattre. Souvent la diversité d'éducation et d'occupations porte les hommes à se méconnaître et à se dédaigner. Il ne suffit pas, pour s'entendre, de ne pouvoir se comprendre.

Admettons toutefois que la division du travail soit une solution de la lutte pour la vie. En quel sens cet antécédent déterminera-t-il ce conséquent? Y a-t-il là un rapport de nécessité semblable à celui qui lie l'attraction des corps à leur masse et à leur distance? La division du travail apparaît comme nécessaire pour que les hommes vivent. Mais, ici, nécessaire veut dire indispensable, c'est-à-dire condition de réalisation d'une certaine fin, qui est la cessation de la lutte pour la vie. Ce n'est point là une nécessité mécanique et fatale. Faut-il même traduire ici *nécessaire* par *indispensable?* La lutte pour la vie comporte d'autres solutions, parmi lesquelles la plus simple est l'entre-mangement. C'est là vraiment la loi de nature, et la division du travail est précisément destinée à entraver l'accomplissement de cette loi. *Indispensable*, à son tour, veut donc être traduit par *préférable*, c'est-à-dire plus conforme à l'humanité, répondant mieux à cette sympathie pour les faibles que l'on suppose exister en l'homme. Comme le disait Aristote, nous ne voulons pas seulement ζῆν, mais εὖ ζῆν. La division du travail est un moyen plus ou moins intelligemment imaginé pour réaliser cet idéal Qu'est-ce à dire, sinon que ce qu'on prenait pour une loi de causalité enveloppe un rapport de finalité, et que l'on suppose l'intelligence et la volonté humaines, alors que l'on pense ne faire agir que des conditions matérielles?

Ainsi la loi physico-sociale ne satisfait pas complètement aux conditions d'une science rigoureusement positive. Pour faire rentrer véritablement la sociologie dans le concert des sciences, il faudrait arriver à ne considérer les faits sociaux que dans leurs équivalents mécaniques. C'est ainsi que le physicien ne considère les agents physiques que dans leurs manifestations mesurables. Mais de tels équivalents, déjà si difficiles à trouver en psychologie, existent-ils en sociologie? La statistique, estime-t-on, les fournira. Mais la statistique n'at-elle pas constamment besoin d'être complétée par le jugement? Quand se trouve-t-on en présence de chiffres qui ne comportent qu'une interprétation, et qui expriment immédiatement la réalité sociale dont il s'agit? Le nombre de personnes sachant lire et écrire est-il une mesure fidèle du développement de l'instruction dans un pays? Le mouvement religieux peut-il être mesuré par le commerce des objets employés dans le culte? Il se trouve que, dans ce domaine, des hommes de tact et d'expérience arrivent, par des expressions littéraires et sans user de chiffres, à une vérité que la quantification mathématique est incapable d'atteindre. Si un jour on parvient à ramener les faits sociaux à des faits physiques, c'est que l'on aura intercalé, entre ceux-ci et ceux-là, une infinité d'intermédiaires que nous ne soupçonnons même pas aujourd'hui.

Quant à présent, la mathématique et la société sont deux extrêmes séparés par un abîme ; et, à vouloir les faire coïncider, on risque de rapetisser et déformer la réalité sociale.

Ainsi, dans la détermination des lois sociologiques,

il n'est pas possible de faire abstraction de l'homme ;
il faut le prendre avec sa nature, avec ses facultés
propres d'intelligence et de volonté. Ce sont là peut-
être des données en partie impénétrables à l'analyse et
irréductibles ; mais, à y regarder de près, les sciences
inférieures supposent déjà de telles données. Il y a d'ailleurs des degrés dans les lois sociales. Il en est qui expriment les conditions d'une société où l'homme n'agit
presque pas comme homme, et ne fait guère que suivre
les impulsions de sa nature animale. Il en est qui se
rapportent aux sociétés plus proprement humaines, où
l'homme fait un usage plus ou moins considérable de sa
raison et de son énergie. Les premières préexistent aux
secondes et sont comme le fonds sur lequel travaille l'activité humaine. Il faut d'abord être animal pour pouvoir
se faire homme. Mais l'homme dirige dans une certaine
mesure l'animal qui soutient sa nature humaine. Cette
vue suppose, il est vrai, qu'une idée peut être efficace.
Mais, si l'empire immédiat d'une idée sur la matière est
inintelligible, en est-il de même d'une action exercée
à travers une infinité d'intermédiaires touchant d'un
côté à l'esprit, de l'autre à la matière ? Songeons
que l'esprit pur et la matière pure ne sont que des
abstractions. Bien compris, le mécanisme, loin de nous
envelopper de toutes parts, est notre moyen d'action
sur les choses.

Nous avons prise sur le mécanisme physique, grâce
au mécanisme psychique et sociologique, lesquels
dépendent de nous. La connaissance des lois des choses
nous permet de les dominer, et ainsi, loin de nuire à
notre liberté, le mécanisme la rend efficace.

# XIV

## CONCLUSION.

Nous avons analysé les divers types de lois naturelles que nous offrent les sciences, en nous plaçant au point de vue de ces sciences mêmes. Nous avons vu dans les lois les données fournies à la philosophie par les sciences, comme la science voit dans les faits les données que lui fournit la nature. Nous nous demandons, pour conclure, ce que deviennent la liberté et la responsabilité humaines, en face de ces lois qui représentent pour nous la nature des choses. Le problème est plus pressant aujourd'hui qu'il ne l'était encore au siècle dernier. Quand le domaine de la science proprement dite était peu étendu, on pouvait admettre qu'en dehors de ce domaine, il y avait place pour la liberté. Mais la science gagne chaque jour en étendue et en précision. Elle est en train de se soumettre les manifestations qui paraissaient les plus rebelles à son étreinte. Ne se peut-il donc pas que tout, en droit, lui appartienne, et que tout par conséquent soit déterminé et nécessité? Comme, malgré ce progrès de la science, le sentiment de la liberté subsiste dans l'âme humaine, il y a lieu de rechercher s'il y a contradiction entre ces deux faits et si le second doit être taxé d'ignorance et d'illusion.

Il y a des raisons solides pour que le déterminisme apparaisse aujourd'hui comme plus étroit qu'il n'a dû paraître aux anciens hommes. Ceux-ci, sans doute, avaient au-dessus d'eux un Destin qui les écrasait ; mais, selon le mot de Pascal, alors même qu'il succombe, l'homme demeure plus noble que ce qui le tue, parce qu'il sait qu'il meurt. La philosophie antique, dans ses manifestations classiques, repose sur un dualisme qui empêche le déterminisme d'être absolu. L'être est fait de deux pièces : la vérité, empire de l'éternel et du nécessaire, et le phénomène, matière instable, incapable de se fixer dans aucune forme. Cette dualité de l'être assure la possibilité des contraires, condition de la liberté. Aussi, même chez les Stoïciens, panthéistes rationalistes, le sage garde, au fond de son âme, le libre pouvoir d'acquiescer ou de résister à la destinée. C'est pourquoi les anciens professent qu'il y a deux sciences, dont la seconde ne peut rentrer dans la première : la science de l'être, parfaite et stable comme son objet, et la science du devenir, imparfaite et instable comme le devenir même.

Or la science moderne a pour caractère essentiel de tendre à abolir cette dualité. L'idée fondamentale en a été formulée par Descartes ; elle consiste à admettre qu'il y a un point de coïncidence entre le sensible et le mathématique, entre le devenir et l'être, que les choses sont, non pas des copies plus ou moins imparfaites de paradigmes intelligibles, mais des déterminations particulières des essences mathématiques elles-mêmes. De là une portée toute nouvelle attribuée au raisonnement inductif. Nulle connaissance empirique ne pouvait, comme telle, pour Aristote, prétendre à l'universalité et à la nécessité. L'expérience était invinciblement relative. Mais, si les propriétés des choses sont, dans le fond, mathématiques, l'expérience elle-même peut atteindre au nécessaire, pourvu qu'elle réussisse à discerner cette trame intérieure de la réalité. Séparées comme elles l'étaient chez les anciens, les mathématiques et l'expérience restaient, celles-là transcendantes, celle-ci incertaine. Intimement unies, elles fondent une science absolue de la réalité sensible elle-même. Les mathématiques communiquent à la science la nécessité; l'expérience, la valeur concrète. Telle est la racine du déterminisme moderne. Nous croyons que tout est déterminé nécessairement, parce que nous croyons que tout, en réalité, est mathématique. Cette croyance est le ressort, manifeste ou inaperçu, de l'investigation scientifique. La question est de savoir si c'est là un principe constitutif ou simplement un principe régulateur et une idée directrice. La science établit-elle, ou se borne-t-elle à supposer que le fond des choses est exclusivement mathématique ?

Le déterminisme moderne repose sur les deux assertions suivantes : 1° les mathématiques sont parfaitement intelligibles et sont l'expression d'un déterminisme absolu ; 2° les mathématiques s'appliquent exactement à la réalité, au moins en droit et dans le fond des choses.

Examinons d'abord la première thèse. Elle consiste à voir dans les mathématiques une promotion immédiate de la logique. Or, la logique déjà, du moins la logique réelle, qui comprend la théorie du concept, du jugement et du raisonnement, suppose des données irréductibles à la relation analytique qui est le seul type de la parfaite intelligibilité. Le concept, le jugement et le syllogisme ont donné lieu de tout temps à des controverses. On n'écarte le reproche de tautologie stérile qu'en introduisant des considérations qui sortent de la pure logique. Telle est celle de l'implicite et de l'explicite, laquelle ne résout la difficulté qu'en faisant appel à l'obscure distinction métaphysique de la puissance et de l'acte.

Si la logique contient des éléments irréductibles, les mathématiques en contiennent davantage. Malgré tous leurs efforts, les mathématiciens n'ont pu les ramener à la pure logique. Déjà Descartes distingue, sous les noms d'intuition et déduction, la méthode mathématique et le raisonnement syllogistique. La connaissance mathématique atteint des principes qui ont un contenu et va du simple au composé, ce que ne fait pas la logique. Sous les noms divers de jugements synthétiques *a priori*, postulats, définitions, axiomes, faits fondamentaux, les mathématiciens philosophes admettent, soit comme venant de l'expérience, soit comme venant de l'esprit, des principes bruts et impénétrables. En fait, les mathématiques se sont constituées et se perfectionnent par un travail de généralisation qui consiste à imaginer des axiomes et des définitions permettant de développer les démonstrations avec le plus de continuité, le moins de lacunes possible. Comment affirmer que des principes ainsi posés pour les besoins de la cause sont tous nécessaires et parfaitement intelligibles ? En fait, l'analyse des principes et des méthodes mathématiques y décèle mainte détermination contingente, maint artifice admis surtout parce qu'il réussit.

Ainsi la nécessité mathématique elle-même n'est plus pour nous inconditionnée, comme elle pouvait l'être pour les anciens, qui tenaient les mathématiques pour entièrement *a priori*. En revanche, cette nécessité a perdu le caractère esthétique qu'elle avait pour les pythagoriciens et les platoniciens. C'est pour nous une nécessité aveugle et brutale, qui va droit devant elle sans but et sans frein. Telle qu'elle est conçue, cette nécessité se retrouve-t-elle véritablement dans les choses? La fusion parfaite des mathématiques et de l'expérience, objet de la science moderne, se réalise-t-elle effectivement ? Paraît-elle devoir se réaliser un jour?

Pour pouvoir réaliser l'union intime des mathématiques et de l'expérience, on a supposé que tout ce qui nous est donné se décompose en deux éléments impénétrables l'un à l'autre: des mouvements et des états de conscience, et que, de ces deux éléments, le premier est, par rapport à la connaissance, le substitut légitime du second. En tant qu'elles peuvent être considérées comme consistant en mouvements, les choses satisfont aux conditions d'une science mathématico-expérimentale.

Précise et rigoureuse en philosophie, cette séparation de la quantité et de la qualité peut-elle être exactement réalisée dans les sciences ? On ne saurait l'affirmer. La science concrète qui doit être la base de toutes les autres, la mécanique, présente des éléments irréductibles aux pures déterminations mathématiques, et ne peut parvenir à transformer entièrement ses données expérimentales en vérités rationnelles. Connus par la seule expérience, les rapports les plus généraux des choses demeurent pour nous, comme le disait Newton, radicalement contingents. Pourquoi les corps s'attirent-ils en raison de leur masse et non du carré de leur masse ? C'est là un fait, et rien de plus. La mécanique céleste implique, en définitive, l'idée même de loi naturelle, en tant que distincte de la relation simplement mathématique, à savoir en tant que rapprochant l'un de l'autre deux termes, dont l'un ne peut en aucune façon se tirer de l'autre.

Il serait maintenant inexact de dire que la mécanique est à elle seule, au moins en droit, toute la science du réel. Car, dans l'état actuel de nos connaissances, la science n'est pas une, mais multiple. La science, conçue comme embrassant toutes les sciences, n'est qu'une abstraction. Ce qui nous est donné, ce sont des sciences, dont chacune, en même temps qu'elle tient aux autres, a sa physionomie propre. A mesure que de l'étude des mouvements des corps célestes, réalité la plus extérieure que nous connaissions, on s'élève vers l'étude de la vie et de la pensée, les postulats requis sont plus nombreux et plus impénétrables.

Déjà la physique, en tenant le travail pour supérieur à la chaleur, fait ouvertement appel à la notion de qualité. La chimie repose sur ce postulat, qu'il existe et se conserve des éléments de différentes espèces. L'acte réflexe de la biologie n'est pas une simple réaction mécanique, puisqu'il a pour propriété d'assurer la conservation, l'évolution et la reproduction d'une organisation déterminée. La réaction psychique est quelque chose de plus, puisqu'elle tend à procurer à un individu la science des choses, c'est-à-dire la connaissance des lois et par là une faculté indéfinie de les utiliser pour des fins posées par lui. Enfin, en sociologie, l'action du milieu ne suffit pas pour expliquer les phénomènes; il y faut joindre l'homme, avec sa faculté de sympathie pour les autres hommes et ses idées de bonheur, de progrès, de justice et d'harmonie.

Ainsi les objets des différentes sciences ne se laissent pas entièrement pénétrer par les mathématiques, et les lois fondamentales de chaque science nous apparaissent comme les compromis les moins défectueux que l'esprit ait pu trouver pour rapprocher les mathématiques de l'expérience. Il faut d'ailleurs distinguer entre les sciences physiques, qui s'unissent aisément aux mathématiques, et les sciences biologiques, pour qui cette union est bien plus artificielle. Dans les premières, l'homme circonscrit lui-même le champ de ses investigations ; il se propose de ne considérer qu'un certain ordre de manifestations de la nature, celui-là même qui donne prise à la mesure et au nombre, et de faire abstraction des autres. Grâce à cette délimitation arbitraire, on a affaire à un objet qui comporte sensiblement la détermination mathématique. Dans les sciences biologiques, on peut employer encore cette méthode ; mais alors on laisse visiblement en dehors de son investigation la meilleure partie et la plus caractéristique des phénomènes. Plus on veut saisir l'être dans sa réalité concrète, plus il faut se contenter d'observer et d'induire, en ajournant l'emploi de l'analyse mathématique. Ainsi la forme mathématique imprime aux sciences un caractère d'abstraction. L'être concret et vivant refuse de s'y enfermer.

Il y a donc, d'une manière générale, deux sortes de lois : les unes, qui tiennent davantage de la liaison mathématique et impliquent une forte élaboration et épuration des concepts ; les autres, qui sont plus voisines de l'observation et de l'induction pure et simple. Les premières expriment une nécessité rigoureuse, sinon absolue, mais restent abstraites et incapables de déterminer le détail et le mode de réalisation effective des phénomènes. Les secondes portent sur le détail et sur les relations qu'ont entre eux les ensembles complexes et organisés : elles sont donc beaucoup plus déterminantes que les premières ; mais, n'ayant d'autre fondement que l'expérience et reliant entre eux des termes tout à fait hétérogènes, elles ne peuvent être tenues pour nécessitantes.

Prédiction possible n'implique pas nécessité, puisque des actes libres peuvent la comporter. Ainsi nécessité et détermination sont choses distinctes. Notre science ne parvient pas à les fondre en une unité.

En résumé, d'une part les mathématiques ne sont nécessaires que par rapport à des postulats dont la nécessité est indémontrable, et ainsi leur nécessité n'est, en définitive, qu'hypothétique. D'autre part, l'application des mathématiques à la réalité n'est et semble ne pouvoir être qu'approximative. Qu'est-ce, dans ces conditions, que la doctrine du déterminisme? C'est une généralisation et un passage à limite. Certaines sciences concrètes approchent de la rigueur mathématique : on suppose que toutes sont appelées à acquérir la même perfection. La distance qui sépare du but peut être diminuée de plus en plus : on suppose qu'elle peut devenir nulle. Mais cette généralisation est une vue théorique. En fait, la distance entre les mathématiques et la réalité n'est pas près d'être comblée ; et, si elle diminue, le nombre des intermédiaires qu'il faudrait intercaler pour opérer la jonction apparaît de plus en plus comme infini. Historiquement, c'est à l'ignorance de cette incommensurabilité du réel et du mathématique qu'est due l'idée de réduire le réel au mathématique ; l'ignorance, cette fois, a eu d'heureux effets ; car on ne se fût pas élancé avec tant d'ardeur vers un but que l'on eût connu comme inaccessible. La mise en œuvre de l'idée cartésienne, en même temps qu'elle en a montré la fécondité, a transformé en idéal transcendant ce qui pour Descartes était un principe et un point de départ.

Que si maintenant nous confrontons avec la forme actuelle de la science le témoignage de la conscience en faveur de la liberté, nous trouverons ce témoignage beaucoup plus recevable aujourd'hui qu'il ne l'était, par exemple, dans le dualisme cartésien. Là où les choses étaient réduites à de la matière et à de la pensée, supposer l'homme libre et sa liberté efficace, c'était admettre que l'esprit meut la matière. Mais cela était incompréhensible, soit que l'on supposât que l'esprit crée de la force motrice, soit que l'on admît que ce qui soi-même n'est pas mouvement peut directement déterminer un mouvement. Mais la science n'établit nullement la réalité de ce dualisme. Elle nous montre au contraire une hiérarchie de sciences, une hiérarchie de lois, que nous pouvons bien rapprocher les unes des autres, mais non fondre en une seule science et en une loi unique. De plus elle nous montre, avec l'hétérogénéité relative des lois, leur influence mutuelle. Les lois physiques s'imposent aux êtres vivants, et les lois biologiques viennent mêler leur action à celle des lois physiques. En présence de ces résultats, nous nous demandons si la pensée et le mouvement, avec l'abîme qui les sépare, ne seraient pas notre manière de nous représenter clairement les choses plutôt que leur réelle manière d'être. Le mouvement en soi n'est, semble-t-il, qu'une abstraction, aussi bien que la pensée en soi. Ce qui existe, ce sont des êtres dont la nature est intermédiaire entre la pensée et le mouvement. Ces êtres forment une hiérarchie, et l'action circule entre eux de haut en bas et de bas en haut. L'esprit ne meut la matière ni immédiatement ni même médiatement. Mais il n'y a pas de matière brute, et ce qui fait l'être de la matière est en communication avec ce qui fait l'être de l'esprit. Ce que nous appelons les lois de la nature est l'ensemble des méthodes que nous avons trouvées pour assimiler les choses à notre intelligence et les plier à l'accomplissement de nos volontés. A l'origine, l'homme ne voyait partout que caprice et arbitraire. Par suite, la liberté qu'il s'attribuait n'avait de prise sur rien. La science moderne lui fit voir partout la loi, et il crut voir sa liberté s'abîmer dans le déterminisme universel. Mais une juste notion des lois naturelles lui rend la possession de lui-même, en même temps qu'elle lui montre que sa liberté peut être efficace et diriger les phénomènes. Des choses extérieures et intérieures, les secondes seules dépendent de nous, disait Épictète; et il avait raison au temps où il parlait. Les lois mécaniques de la nature, révélées par la science moderne, sont la chaîne qui lie le dehors au dedans. Loin d'être une nécessité, elles nous affranchissent, et nous permettent d'ajouter une science active à la contemplation où les anciens s'étaient renfermés.

# TABLE DES MATIÈRES

Poitiers. — Société française d'Imprimerie.

# LES CLASSIQUES POPULAIRES

## Publiés sous la direction de M. Émile FAGUET

### DE L'ACADÉMIE FRANÇAISE

Prix de chaque volume, broché.......................  **2 »**

— — cart. souple, tr. rouges...........  **2 75**

### Chaque volume contient de nombreuses illustrations.

HOMÈRE, par A. COUAT, recteur de l'Académie de Bordeaux, 1 vol.

HÉRODOTE, par F. CORRÉARD, professeur agrégé d'histoire au Lycée Charlemagne, 1 vol.

PLUTARQUE, par J. DE CROZALS, professeur d'histoire à la Faculté des Lettres de Grenoble, 1 vol.

DÉMOSTHÈNE, par H. OUVRÉ, professeur à la Faculté des Lettres de Bordeaux, 1 vol.

CICÉRON, par M. PELLISSON, agrégé des Lettres, doct. ès Lettres, 1 vol.

VIRGILE, par A. COLLIGNON, professeur à l'Université de Nancy, 1 vol.

DANTE, par Edouard ROD, 1 vol.

LE TASSE, par Emile MELLIER, agrégé de l'Université, inspecteur d'Académie, 1 vol.

CERVANTÈS, par Lucien BIART, lauréat de l'Académie française, 1 vol.

SHAKESPEARE, par James DARMESTETER, professeur au Collège de France, 1 vol.

GŒTHE, par FIRMERY, inspecteur général de l'Instruction publique, 1 vol.

LA POÉSIE LYRIQUE EN FRANCE AU MOYEN AGE, par L. CLÉDAT, doyen de la Faculté des Lettres de Lyon, 1 vol.

LE THÉÂTRE EN FRANCE AU MOYEN AGE, par LE MÊME, 1 vol.

LES CHRONIQUEURS, par A. DEBIDOUR, Professeur d'histoire à la Sorbonne.
PREMIÈRE SÉRIE : Villehardouin ; — Joinville, 1 vol.
DEUXIÈME SÉRIE : Froissart ; — Commines, 1 vol.

RABELAIS, par Emile GEBHART, de l'Académie française.

RONSARD, par G. BIZOS, 1 vol.

MONLUC, par Ch. NORMAND, docteur ès Lettres, professeur agrégé d'hi... au Lycée Condorcet, 1 vol.

MONTAIGNE, par Maxime LANUSSE, docteur ès Lettres, professe... agrégé au Lycée Charlemagne.

CORNEILLE, par Emile FAGUET, de l'Académie française.

LA FONTAINE, par LE MÊME, 1 vol.

MOLIÈRE, par H. DURAND, inspecteur général honoraire de l'Instruction publi... 1 vol.

RACINE, Paul MONCEAUX, professeur Collège de France, 1 vol.

BOILEAU, ... P. MORILLOT, professeur à ...a Faculté des Lettres de Grenoble, 1 vol.

Mme DE SÉVIGNÉ, par R. VALLERY-RADOT, lauréat de l'Académie f... çaise, 1 vol.

BOSSUET, par G. LANSON, professeur à la Sorbonne, 1 vol.

FÉNELON, par G. BIZOS, recteur de l'Université de Bordeaux, 1 vol.

LA BRUYÈRE, par Maurice PELLISSON, agrégé des Lettres, docteur ès Lettres, 1 vol.

SAINT-SIMON, par J. DE CROZALS, professeur d'histoire à la Faculté des Lettres de Grenoble, 1 vol.

RETZ, par Ch. NORMAND, 1 vol.

LA ROCHEFOUCAULD, par Félix HÉMON, inspecteur général de l'Instruction publique.

PASCAL, par Maurice SOURIAU, professeur à l'Université de Caen, 1 vol.

MONTESQUIEU, par Edgar ZEVORT, recteur de l'Académie de Caen, 1 vol.

LESAGE, par Léo CLARETIE, agrégé des Lettres, docteur ès lettres.

VOLTAIRE, par Emile FAGUET.

J.-J. ROUSSEAU, par L. DUCROS, doyen de la Faculté des Lettres d'Aix, 1 vol.

BUFFON, par H. LERASTEUR, professeur agrégé des Lettres au Lycée de Lyon, 1 vol.

FLORIAN, par Léo CLARETIE, professeur agrégé des Lettres, docteur ès Lettres, 1 vol.

ANDRÉ CHÉNIER, par Paul MORILLOT.

BERNARDIN DE SAINT-PIERRE, par DE LESCURE, 1 vol.

CHATEAUBRIAND, par A. BARDOUX, membre de l'Institut, 1 vol.

VICTOR HUGO, par Ernest DUPUY, inspecteur général de l'Instruction publique, 1 vol.

LAMARTINE, par Edouard ROD, 1 vol.

BÉRANGER, par Ch. CAUSERET, recteur de l'Académie de Chambéry.

AUGUSTIN THIERRY, par F. VALENTIN, professeur agrégé d'histoire, 1 vol.

MICHELET, par F. CORRÉARD, professeur agrégé d'histoire au Lycée Charlemagne, 1 vol.

THIERS, par Edgar ZEVORT, recteur de l'Académie de Caen, 1 vol.

GUIZOT, par J. DE CROZALS, professeur à la Faculté des Lettres de Grenoble, 1 vol.

ALFRED DE MUSSET, par A. CLAVEAU, ancien élève de l'École normale supérieure, 1 vol.

ÉMILE AUGIER, par H. PARIGOT, professeur de rhétorique au Lycée Condorcet, 1 vol.

Tous les volumes ont été honorés d'une souscription du Ministère de l'Instruction publique.